FRAMEWORK DA

LIDERANÇA 10X

A NOVA ERA DA LIDERANÇA

Gerência editorial
Rogério Sardella

Edição
Marcelo Carpinetti

Projeto gráfico e diagramação
Globaltec | Letícia Alvarez

Revisão
Tarcila Lucena
Rosangela Anzzelotti

Capa
Agência Studio 28 – Campinas/SP

DADOS INTERNACIONAIS DE CATALOGAÇÃO NA PUBLICAÇÃO (CIP)

Girotto, André
FRAMEWORK DA LIDERANÇA 10X: A nova era da liderança / André Girotto – SP: Editora independente – 2023, 1ª Edição.

232 p.

ISBN 978-65-00-90219-8

1. Liderança. 2. Executivos – Sucessão – Planejamento. 3. Mudança organizacional. 4. Inovação. 5. Negócios.

R. Benedicto Campos, s/n, quadra F, casa 35, Valinhos, São Paulo, CEP: 13272-512
e-mail: andre@netprofitbrasil.com.br

FRAMEWORK DA LIDERANÇA 10X

A NOVA ERA DA LIDERANÇA

ANDRÉ GIROTTO

“O responsável por tudo nesta vida é você!”

AGRADECIMENTOS

Gostaria de expressar minha sincera gratidão a todas as pessoas e organizações que desempenharam um papel fundamental na criação desta obra. Suas contribuições e seu apoio foram inestimáveis e moldaram significativamente este projeto.

Em primeiro lugar, minha profunda gratidão à minha esposa e a meu filho, que, com amor e compreensão, apoiaram essa jornada, mesmo diante das ausências frequentes devido a viagens para ministrar treinamentos. Seu apoio inabalável foi a força motriz por trás deste livro.

Agradeço também à minha dedicada equipe na Netprofit: Paola Guimarães, Fernando Santos, Cecília Onu e Rafael Kaysel. Seu comprometimento e trabalho árduo como parte da nossa equipe foram fundamentais para o sucesso desta empreitada.

Meus sinceros agradecimentos vão para os clientes da Netprofit, que não apenas forneceram valiosos *insights* e inspiração para o trabalho que apresento aqui, mas também desafiaram minha compreensão da liderança.

Foi a partir desses desafios em liderança, propostos por líderes e empresários inspiradores, que me motivei a criar um *framework* de trabalho para líderes, que é o foco desta publicação.

A colaboração de inúmeros clientes e parceiros, incluindo Ronan Maia, da LINX, Paulo Lozano, da MOBI Logística, e Fernando Henrique, da LEBBE, foi essencial para enriquecer esta obra com suas perspectivas e experiências únicas.

Agradeço também à TuTo, especialistas em gamificação, por sua valiosa contribuição. Meus agradecimentos se estendem ao Wendel, da distribuidora de livros Catavento, cujo apoio foi fundamental para tornar esta publicação acessível a um público mais amplo.

Finalmente, gostaria de agradecer a todos os leitores em potencial que dedicarão seu tempo para explorar estas páginas. Espero sinceramente que as ideias e *insights* compartilhados ao longo delas sejam valiosos para vocês.

A todos os mencionados e àqueles que, de alguma forma, contribuíram para este projeto, meu mais profundo agradecimento.

Com gratidão,

André Girotto

SUMÁRIO

“

Em um mundo com mudanças rápidas e constantes, o *framework* da LIDERANÇA 10X não será apenas mais uma opção, mas sim a bússola que guiará você e seu time em uma navegação rápida e segura pela tumultuada onda da transformação.

Essa metodologia permitiu criar um real sentido de dono em nossa equipe, estimulando a busca da excelência e do crescimento com resultados sustentáveis. Por meio de orientações criativas e exercícios práticos, gerando mudanças comportamentais significativas e importantes em todo o time.

MICHEL MEDEIROS
CEO da empresa SOLUTI

A metodologia gerou resultados financeiros importantíssimos para nossa empresa, criando, acima de tudo, um ambiente de criatividade, com ferramentas extremamente modernas e aplicáveis em nosso dia a dia. [...] Além do resultado financeiro, que foi muito substancial, assumimos uma nova cultura de excelência em alta performance.

LEONARDO ZIPF
Presidente da empresa DUAS RODAS

INTRODUÇÃO

BEM-VINDO(A) AO *FRAMEWORK* DA LIDERANÇA 10X.

Antes de iniciarmos a nossa jornada, quero dizer que este livro não é como outros. Ele não se limita a uma simples leitura, pois a jornada que ele propõe vai muito além de suas páginas. A verdade é que eu não poderia simplesmente condensar tudo o que ele oferece em um tempo de leitura convencional, dado que isso não seria suficiente para explorar plenamente o potencial transformador que temos em nossas mãos.

Ele está lhe convidando, ou melhor, convocando, a vivenciar e aplicar cada conceito e ideia apresentados neste texto de uma maneira profunda e significativa. Este não é apenas um livro para ser lido; é um guia prático para ser vivido. Ele convida você a mergulhar não só em conceitos, mas em ações, e incorporar esses aprendizados em sua própria jornada pessoal.

Ele o desafiará a pensar de forma diferente e a agir de maneira mais consciente para alcançar o potencial máximo de si mesmo e do seu time de trabalho.

De forma inovadora, preparamos também uma grande surpresa: durante a leitura, você poderá também fazer sua jornada em uma plataforma digital, inovadora, gamificada, que lhe oferecerá a oportunidade de testar seus conhecimentos enquanto desfruta de videoaulas incríveis e com conteúdo exclusivo sobre os temas. Nelas, são compartilhados meus aprendizados, uma visão mais aprofundada sobre cada tema, dicas de autores, livros e exemplos práticos. Além disso, acumulando moedas virtuais, você poderá ter acesso a uma jornada prática de implantação, na qual também assistirá a vídeos meus conduzindo diversas atividades reais, idênticas às atividades que serão propostas no livro. A partir desses exemplos de interação com as pessoas, acredito que você verá, ouvirá e perceberá as reações reais acontecendo, sendo ainda mais fácil de conseguir multiplicar. Com isso, tenho certeza que se sentirá ainda mais seguro para implantar e multiplicar cada etapa.

Isso mesmo! Essa é uma metodologia para você implantar e multiplicar em sua empresa, com sua equipe, em sua organização, ou até fora dela, se desejar.

Além dessa vantagem, essas mesmas moedas virtuais também poderão ser trocadas por diversos prêmios, como livros, cursos *on-line*, treinamentos presenciais e até uma mentoria comigo, em grupo ou individualmente.

Uma forma ainda mais incrível de aprender na prática.

ENTÃO, ESTÁ PRONTO PARA COMEÇAR?

Acesse o *QR Code* ou o *link* e dê início à sua jornada. Assim, posso lhe dar pessoalmente as boas-vindas e já oferecer dicas valiosas antes de começar.

Por falar em começar, iniciei minha jornada – meu trabalho, efetivamente – com desenvolvimento de líderes e equipes em outubro de 2002. Após alguns anos, já tendo treinado aproximadamente mil líderes, percebi – sem uma intenção específica, mas de forma até surpreendente – algo um pouco fora de contexto (no mínimo, um pouco fora daquilo que seria, digamos, "normal" para mim). Na verdade, como se diz, me "caiu uma ficha"; à princípio, sem relevância, mas que de alguma forma mexeu com as minhas convicções de maneira estranha.

Analisando alguns materiais e *assessment* que os participantes faziam antes de iniciar o treinamento, e cruzando algumas informações, percebi que cerca de 95% dos líderes que estiveram ou estavam ali em treinamento comigo, vindos de empresas nacionais e multinacionais, tinham chegado por decisão da empresa da qual faziam parte, e não por vontade própria. Essa imensa maioria tinha suas inscrições "patrocinadas", restando apenas um grupo de 5% que havia realmente escolhido estar ali, participando por sua conta, investindo do seu próprio bolso em seu desenvolvimento como líder. O fato é que a grande maioria dos presentes, apesar de não ter sido necessariamente forçada a estar ali (apesar de esse até ser mesmo o caso de alguns), não havia feito aquela escolha de forma consciente. Em outras palavras, não havia buscado aquilo proativamente.

Esse fato me fez perceber um grande abismo: em sua maioria, os líderes não eram os principais responsáveis pelo seu desenvolvimento, e que poucos investiam do próprio bolso para se tornar um líder melhor.

Algumas perguntas me vieram à cabeça: por que havia tão poucos líderes investindo em si mesmos? Será que o investimento seria muito alto para uma pessoa física pagar do próprio bolso? Talvez.

Ou, isso era influenciado pela cultura das pessoas que trabalham em grandes empresas? Afinal de contas, a questão cultural seria a explicação? Os líderes entendiam que essa era uma obrigação da empresa?

Claro que as empresas entendem que investir na capacitação dos seus líderes é, sem dúvida, algo essencial, até mesmo vital para sua sobrevivência. Quanto a isso, não há dúvidas. Contudo, essa ideia também geraria o pressuposto de que, como as empresas já investem (ou deveriam investir) nessa capacitação, o líder não se vê obrigado a fazê-lo por conta própria? Será que seria isso?

Na minha visão, se esse fosse o caso, já seria um problema sério. Inclusive, afirmo aqui com toda a certeza que aqueles líderes que entendem que essa responsabilidade é deles, e não da empresa, certamente já estão anos-luz na frente de seus supostos concorrentes – seja para um aumento salarial, uma promoção, ou até para propostas externas mais atrativas do que as que a empresa atual oferece.

Mas, na minha singela descoberta, percebi que o problema parecia outro. Na verdade, o que me deixou mais surpreso – afirmo o que vou dizer agora baseando-me nas "entrevistas" e formulários que fazíamos previamente ao treinamento – é que mais de 80% desses líderes que estavam ali "a convite" de suas empresas não achavam sequer que precisavam ter vindo, ou mesmo que precisavam mudar alguma coisa em seu trabalho de liderança, e muito menos que precisavam aprender algo sobre esse assunto. **Já se consideravam bons ou ótimos líderes.**

Contudo, o mais irônico era que, em geral, essa não era nem de longe a opinião das "empresas" que os haviam colocados no treinamento – incluindo muitos casos nos quais o profissional já fora até mesmo avaliado de forma negativa pela própria equipe.

Quem não está satisfeito, então, que pegue as coisas e vá embora.

Mesmo diante desse fato, eu ouvia muitos dizerem que o setor de Recursos Humanos, ou a empresa de forma geral, não entendia nada de como "as coisas realmente são ou funcionavam na prática" – e a equipe, muito menos. Um desses gestores chegou até a me dizer que, ao ser cobrado por resultados, seu papel era cobrar os outros a trazer resultados, e ponto-final. Esse era o único objetivo. Quem não estivesse satisfeito que pegasse as coisas e fosse embora. E se a empresa não estivesse satisfeita com seu trabalho, que o demitisse. Simples assim.

Essa responsabilidade era deles ou da empresa?

Para mim, algumas partes até faziam sentido, enquanto outras partes, não. No entanto, eu, que até então nunca havia trabalhado para uma empresa especificamente como colaborador direto – a "vida inteira", sempre tive o meu próprio negócio –, e apenas prestado serviços para outras empresas, tinha um pouco de dificuldade em ver e até de entender esse tipo de pensamento ou de comportamento. Sempre me vi como empresa e o que aprendi, com todas as capacitações que recebi (que não foram poucas...), foi conseguido graças a esforço e investimento pessoais. E posso afirmar: todas valeram a pena, seja pelo conteúdo adquirido, seja pelo autoconhecimento, seja pelo *networking* criado. Em cada uma, algum tipo de ganho sempre valia o esforço dispendido de tempo e dinheiro.

Claro que, ao longo da minha vida como empresário, investi muito em capacitação e desenvolvimento também do meu time. Por exemplo, em 2001, chegamos a realizar 17 cursos e capacitações para nosso time em uma das minhas empresas no ramo de saúde e *fitness* (que contava com mais de cem colaboradores). Essas foram capacitações tanto no âmbito técnico como no comportamental, pagas pela empresa, e para as quais nunca deixei de incentivar a todos que fizessem os cursos, bem como que entendessem que essa responsabilidade era deles, e não minha – sempre valorizei muito aqueles que tinham essa visão de investir em si mesmos.

Muito tempo depois, já à frente da minha própria empresa de treinamentos – a Netprofit[1] –, realizei uma pesquisa, muito similar àquelas feitas dez anos antes. A pesquisa era muito simples, com poucas perguntas, quase igual ao conceito de NPS (Net Promoter Score) o qual utilizamos hoje. Nossa intenção não era saber quais os pontos que deveríamos trabalhar nos treinamentos, e sim saber como os líderes se viam *versus* como suas equipes os viam. Para falar a verdade, não era nem mesmo determinar quem estava certo ou errado, mas entender primeiro se ali existiam pontos de divergência.

Diversas empresas foram envolvidas, e a resposta foi praticamente a mesma obtida dez anos antes. O questionário fora respondido por quase 250 líderes, dos quais 80%, novamente, se autoavaliaram como ótimos ou excelentes, enquanto eram avaliados por suas equipes como regulares ou ruins na mesma proporção, sendo apenas 15% avaliados como bons e 5% como ótimos. Nenhum foi avaliado como excelente.

A questão é que mais de 80% dos líderes se julgam, sim, líderes excelentes.

A maioria das pessoas não gosta de líderes que cobram resultados, chamam a atenção ou supervisionam de perto. Aqueles que assim agem acabam sendo mal avaliados. Muitas vezes, prefere um líder mais "bonzinho". O problema é que, seja bem ou mal avaliado pelas equipes, majoritariamente, metas, desempenhos e entregas, ou seja, os resultados, ficam abaixo do esperado. A pergunta que resta, então, é: existe um modo de ser um líder que foca em resultados e que também possa ser bem avaliado pela sua equipe?

Olha só o tamanho do desafio. Imagine que você se julgue um ótimo pai, mas o seu filho, não. Que você se julgue um ótimo marido, mas sua esposa, não. Que você se julgue um ótimo líder, mas as pessoas as quais você lidera, não.

Pergunta: Quem está certo?

---

1 www.netprofit.com.br

A questão, na verdade, é de entendimento. É preciso compreender que não se trata aqui de ser "bom" ou "ruim", nem de se estar "certo" ou "errado".

VOCÊ CONHECE O CONCEITO DA JANELA DE JOHARI?

A Janela de Johari é um modelo psicológico desenvolvido pelos psicólogos Joseph Luft e Harry Ingham em 1955. Essa ferramenta é usada para entendermos e melhorarmos nossa comunicação, nosso desenvolvimento pessoal e nossas relações interpessoais. Esse modelo é composto por quatro quadrantes, representando cada um diferentes áreas de conhecimento e de percepção, divididas em duas dimensões: o conhecimento que o indivíduo tem de si mesmo e o conhecimento que os outros têm desse indivíduo. Esses quadrantes são os seguintes:

- **Quadrante aberto**
  Nele estão os aspectos da personalidade, dos pensamentos, sentimentos, comportamentos e informações sobre a pessoa que são conhecidos tanto por ela mesma quanto pelos outros. É a área da comunicação aberta e eficaz, na qual as pessoas compartilham livremente informações e pensamentos;
- **Quadrante oculto**
  Este quadrante contém informações, pensamentos e sentimentos que a pessoa conhece sobre si mesma, mas opta por não compartilhar com os outros. Pode incluir segredos, medos, preocupações pessoais ou informações que a pessoa acha desconfortável compartilhar;
- **Quadrante cego**
  Neste quadrante, estão os aspectos da personalidade, do comportamento e das características da pessoa que são visíveis e conhecidos pelos outros, mas que ela não reconhece ou não tem consciência sobre. Essa área pode incluir comportamentos repetitivos, maneirismos ou traços de personalidade que os outros notam, mas que o próprio indivíduo não percebe;
- **Quadrante desconhecido**
  Este é o espaço de informações, pensamentos, sentimentos e características que são desconhecidos tanto pela pessoa quanto

pelos outros. São aspectos da personalidade que ainda não emergiram ou foram revelados. À medida que a pessoa se desenvolve e se relaciona com os outros, alguns desses elementos podem ser descobertos e tornarem-se parte dos outros quadrantes.

O objetivo da Janela de Johari é expandir a área do *quadrante aberto*, aumentando a conscientização mútua e melhorando a comunicação entre as pessoas. Isso pode ser alcançado por meio de *feedback*, autorrevelação e diálogo aberto. À medida que a Janela de Johari se expande, as relações interpessoais tendem a se fortalecer, pois o entendimento mútuo aumenta.

O modelo é amplamente utilizado em treinamento de habilidades interpessoais, desenvolvimento de equipes, psicoterapia e *coaching*, ajudando as pessoas a explorar e entender melhor a si mesmas, e a melhorar a qualidade de suas interações com os outros.

CONCLUSÃO:

O maior desafio, muitas vezes, é que as pessoas, assim como os gestores aqui relatados, não sabem que não sabem, limitando-se apenas ao que conseguem – ou melhor, querem – ver. Estão presos ao seu ponto de vista. Apresentam um olhar míope das coisas.

É isso mesmo. Muitas vezes, nem conseguimos enxergar ou perceber nossas ações e comportamentos. Em geral, nos julgamos ótimos e perfeitos, os donos da verdade e os detentores de profundo conhecimento sobre tudo e todas as coisas.

Já fui assim. Houve um período de minha vida no qual acreditava que sabia tudo. Eu me achava o melhor de todos: o melhor empresário, o melhor líder, o melhor na minha área de atuação, o melhor...

Porém, à medida que começamos a estudar, a buscar por mais conhecimentos ou por autoconhecimento, percebemos que sabemos muito pouco ou quase nada. Essa é a verdade.

Como disse Percy Shelley[2], um dos mais célebres e importantes poetas românticos ingleses, "quanto mais estudamos, mais percebemos nossa ignorância".

2 Além de poeta de renome em sua época, Percy Bysshe Shelley (1972-1822) foi também marido de Mary Shelley, autora do clássico da ficção científica *Frankenstein* (1818).

Influenciados, frequentemente, pelo simples fato de estarem em uma posição de liderança há algum tempo, acostumados ao dia a dia de sua função, muitos líderes acabam achando que não há nada mais para aprender. Isso os leva a utilizar formas antigas de liderança – em geral, baseadas na maneira que aprenderam com seus antecessores ou colegas, ou mesmo, como muitos dizem, "na vida", a duras penas –, normalmente mais impositivas, com base no comando e controle, e que se tornaram em muitos casos suas únicas referências de liderança. (Não que não funcione. Mas, é apenas uma das diversas formas de se fazer gestão de pessoas.)

Na verdade, alguns acham que nem existem outras formas de gestão ou algo a mais para se aprender sobre o assunto. "Um copo cheio", como dizem os chineses, "se não for esvaziado, não deixará espaço para se ter água limpa". E posso lhe afirmar, o aprendizado é como o horizonte: não há limites.

Lembro aqui que, de acordo com a liderança "tradicional", a forma principal e mais eficaz de se motivar as pessoas é comumente baseada em estratégias de "recompensas e punições". Por exemplo: "Se fizer a meta, ganha um bônus", "se não fizer, não ganha", e assim por diante.

No entanto, eu desconheço área do conhecimento com tantas possibilidades, com tanto conteúdo científico sendo gerado sobre gestão, pessoas e performance. Tantos estudos sendo realizados principalmente na área do comportamento humano. Todos os dias surgem novas descobertas na neurociência e na psicologia positiva; e milhões de dólares são investidos em análises de mudanças comportamentais e econômicas, assim como de seus impactos sociais, e nas formas de consumo. Escrevendo este livro, em alguns momentos, eu mesmo cheguei a pensar que seria impossível colocar compiladas – em um só texto – tantas informações novas e relevantes sobre liderança e comportamento humano desenvolvidas ao longo dos últimos dez anos.

Bom, mas vamos lá, sem em alongar demais. A pergunta é: escolhendo de zero a 100%, quanto você acredita e conhece desse universo chamado liderança de pessoas? Eu, após centenas de horas dedicadas em me atualizar, avalio que sou conhecedor de menos de 1 ou 2% de tudo que se pode saber sobre liderança e gestão de pessoas – mesmo, sem falsa modéstia, me considerando muito acima da média.

A maioria das pessoas que conheço sequer leem mais do que um ou dois livros sobre o tema por ano, ou participaram de dois ou três treinamentos profundos. Elas fazem poucos cursos extensivos sobre o tema em si por ano, e, no máximo, assistem a meia dúzia de palestras ou *lives* em redes sociais – que muitas vezes têm mais a intenção de nos vender alguma coisa do que ensinar algo relevante de fato.

Em resumo, além de existirem muitos conteúdos e práticas para se aprender, o conhecimento é vivo e perecível, e se pararmos por alguns meses de aprender, dificilmente conseguiremos acompanhar as mudanças daqui para frente. Portanto, volto a afirmar que, quanto mais você estudar, mais perceberá que realmente existe ainda muita coisa para se aprender sobre as pessoas e, principalmente, sobre si mesmo.

A ignorância pode até parecer uma bênção, já que nem nós nem ninguém pode nos cobrar por uma coisa que não sabemos. Contudo, ela pode tornar-se uma maldição para aqueles que sequer conseguem ver ou aceitar outras formas de se fazer algo. Também o medo do desconhecido pode gerar paralisia, já que se tem receio de que aquilo possa trazer resultados negativos.

Vendo pelo lado bom, ninguém sabe tudo – não nascemos sabendo nem morreremos conhecendo tudo. Não é isso que importa, e sim aprender constantemente e colocar em prática o que se aprende, de forma continuada. Até porque nosso mundo está sempre mudando, sendo necessário sempre aprendermos algo novo, uma nova forma de fazer uma atividade, partindo muitas vezes do zero novamente. Quem tiver mais disposição, energia e prontidão para isso terá mais vantagens sobre os demais – como se diz na China, "beberá água limpa".

As coisas estão mudando rápido,
e se você não mudar na mesma velocidade, os riscos para sua carreira ou para sua empresa podem ser bem maiores do que o conforto de continuar fazendo tudo da mesma maneira.

Como lidar com nossos pensamentos, sentimentos e comportamentos diante dessa velocidade de mudanças nunca vista antes? Nem nós mesmos sabemos sempre lidar com nossos pensamentos, sentimentos e comportamentos em meio a tantas mudanças. Todos nós temos crenças e convicções incutidas ao longo de décadas. Algumas já criaram raízes e parecem fazer parte de quem somos. Falo de crenças sobre nós, o que acreditamos que somos e o que pensamos sobre outras pessoas. Isso, de certa forma, gera dúvidas e confusão, eu sei. Temos convicção de que, se algo não for como estamos acostumados, não funcionará. Certeza de que, se não tratarmos as pessoas dessa ou daquela forma, elas não irão fazer o que deve ser feito. Cremos que as pessoas são ruins por natureza, preguiçosas, mentirosas, dissimuladas, traiçoeiras e, se dermos espaço, nos passarão para trás. Crenças, crenças e mais crenças.

O fato de algumas ideias serem crenças não significa que sejam mentiras; apenas que talvez sejam meias-verdades.

O fato de, após ter jogado a rede de pesca do lado direito do barco, não ter pego peixes como eu gostaria, não significa que, se jogá-la novamente do mesmo lado, continuarei sem capturá-los. A segunda jogada de rede acontecerá em um tempo, uma forma, um ângulo e uma profundidade diferentes. E mesmo que a diferença seja pequena, ela já pode gerar outro resultado.

Assim como o rio, as coisas estão sempre mudando, as pessoas estão mudando, as empresas estão mudando. Por que nós não deveríamos mudar a forma de liderar? A resposta é simples: Crenças!

Quanto mais repetimos as mesmas crenças ao longo do tempo, mais forte elas se tornam, e mais difícil é quebrá-las. Portanto, lidar com nossas crenças e convicções talvez seja o primeiro grande desafio para participar desta jornada.

Contudo, a questão não é mudar por mudar, mas sim, mudar se isso for bom para você e para os que o cercam. É sobre aprender, evoluir, assumir o controle e fazer escolhas conscientes.

É importante reconhecer seus pontos fortes e fracos, e nunca aceitar uma situação ou desistir de uma mudança dizendo "eu sou assim, não posso fazer nada. Vou morrer assim". Não! É necessário entender quais e onde estarão os desafios e as batalhas que você deverá enfrentar sozinho, e não com os outros.

Você não pode mudar os outros. No máximo, podemos ajudar as pessoas a verem, entenderem e refletirem sobre as escolhas que têm, as possibilidades existentes – em alguns casos, elas podem receber apoio, se necessário, podem se sentir seguras. Quem sabe? Mas a decisão de apertar o gatilho será sempre delas. Saber disso e estar disposta a aprender continuamente são aspectos que formarão um grande líder.

MAS, AFINAL, LIDERANÇA SE RESUME A QUÊ?

Liderança é o entendimento da mente humana? A habilidade de lidar com pessoas? Guiá-las a um bem comum? Criar um ambiente que promova desenvolvimento constante? Atingir resultados positivos de forma constante e sustentável? Engajar as pessoas em um propósito?

Certamente, não é possível resumir em uma única oração tudo o que a ideia de liderança abarca. Mas posso afirmar que existem muitas formas melhores de se exercer a liderança, tanto para si próprio quanto para os outros, do que aquelas a que as instituições e os sujeitos estão acostumados.

Você pode ajudar muitas pessoas e ser um líder mesmo que não tenha um cargo de liderança. A liderança não se limita a um cargo, não é uma posição em uma corporação. Posso ser um líder na minha família, entre meus amigos, até mesmo na empresa, sem que necessariamente alguém tenha me nomeado chefe. Liderança tem mais a ver com a maneira com que uma pessoa é vista, se é tida como um exemplo a ser seguido ou que influencie positivamente aqueles a seu redor. Em contrapartida, existem muitos chefes, gerentes e até diretores que as pessoas não enxergam como lideres. Liderança é exatamente sobre isso tudo: gerar resultados para você, para as pessoas, para a empresa e, quem sabe, para o mundo.

Muitos líderes não enxergam isso como parte de suas responsabilidades. Na verdade, muitos acham que somente quem ganha são as outras pessoas lideradas por eles – e pior, acham que isso é o mesmo que ser um líder "bonzinho", e que líderes assim só levam prejuízo e não ganham nada em troca.

Se pensarmos em modelo de liderança convencional, essa linha de raciocínio pode até fazer certo sentido. Mas, quando falamos de um modelo atual, uma liderança com propósito, com foco em resultados exponenciais por meio das pessoas, do coletivo, da cultura de protagonismo e da inovação, o jogo é bem diferente. E bota diferente nisso.

Além disso, líderes que dominam essas ferramentas costumam:

- Ocupar cargos relevantes e estratégicos em muito menos tempo;
- Ser chamados com frequência para ser sócios da empresa da qual fazem parte – ou de outras empresas, como de seus clientes ou fornecedores;
- E, caso decidam, têm muito mais chances de montar seu próprio negócio e ter mais sucesso do que líderes convencionais, com uma visão engessada e ultrapassada sobre pessoas e negócios.

Vou demonstrar e explicar o porquê desses aspectos.

O que se propões não é só contar histórias bem-sucedidas de empresas ou pessoas de sucesso, ou mesmo meramente apresentar estudos de casos ou de estatísticas que levaram líderes ao êxito. O que se pretende é também ensinar o que há de mais atual, funcional, aplicável e que está por trás de tudo isso que estamos falando sobre uma *nova liderança*. Pretende-se mostrar o que a maioria dos cientistas sociais já sabem, mas a maioria dos "líderes" não faz a menor ideia, além de, principalmente, como aplicar e dominar esses elementos.

Para facilitar essa apresentação, criou-se um *framework* composto por cinco comportamentos bem-definidos, cinco etapas bem-estruturadas, com ferramentas muito atuais e aderentes ao dia a dia de qualquer líder, sustentadas por seis pilares-chave essenciais, que quando combinados e aplicados de forma única, no volume, ritmo e intensidade corretos, mudam absolutamente tudo. Muito mais soluções, engajamento, foco, sinergia, motivação e tudo mais que necessitamos para obter resultados fora do comum e até exponenciais.

Como parte da introdução, segue um pequeno *spoiler* desses pilares que o ajudarão a sair deste livro não só como um profundo conhecedor do tema, mas também sabendo combinar essas peças com maestria. Esses conceitos funcionarão como pilares de sustentação que criarão uma base sólida, robusta e sustentável para uma liderança exponencial (se assim você quiser). Fale-se, no caso, em dominar esses conceitos, e como aplicá-los na prática. Os quais são:

1. **Propósito, autonomia, domínio e maestria**

   Dado que recompensas materiais não são suficientes, esses elementos podem impulsionar o desempenho e a satisfação pessoal.

2. **Foco em resultado para todos os *stakeholders*[3]**

   Alinhamento dos objetivos da equipe com as necessidades e expectativas de todas as partes interessadas, impulsionando o desempenho e a eficácia da equipe.

3. **Envolvimento, encorajamento e segurança psicológica**

   Criação de um ambiente no qual os colaboradores se sintam seguros para expressar suas ideias, compartilhar informações e assumir riscos, resultando em maior inovação e melhor desempenho.

4. **Desenvolvimento contínuo de novos líderes e sucessores**

   Garantia de sustentabilidade do crescimento organizacional e fortalecimento da capacidade de liderança em todos os níveis da empresa.

5. **Protagonismo e inovação em todos os níveis**

   Impulsionamento da criatividade, do engajamento e da resolução ágil e bem-sucedida de desafios, criando um diferencial competitivo no mercado.

6. **Alta performance e felicidade no trabalho**

   Facilitação do alcance do estado de *flow*, no qual os colaboradores atingem o máximo de produtividade e satisfação ao se envolverem em tarefas desafiadoras e significativas, promovendo um ambiente de trabalho mais gratificante e estimulante.

Identificar, compilar e integrar esses pilares em uma única metodologia foi o principal propósito de meus últimos dezessete anos como CEO da Netprofit. Ao longo desse tempo, testei diversas formas, métodos e aplicações desses conceitos, me baseando nos resultados e experiências práticas acumuladas em mais de vinte mil horas de aplicação

---

3 A definição de *stakeholder* e mais informações sobre esse tema serão apresentadas no Capítulo 6.

de treinamentos, *coaching* e mentorias para líderes em quase mil empresas diferentes, dentro e fora do Brasil, colhendo dados, compilando informações, obtendo *insights* valiosos, *feedbacks* surpreendentes e registrando resultados extraordinários – os quais irei compartilhar pela primeira vez.

Para fortalecer meus argumentos, pedi para alguns líderes – os quais conheceram e aplicaram a metodologia de alta performance executiva (versão Líderes 10X) – que relatassem as próprias percepções sobre como fora sua experiência, e quais os resultados obtidos.

Luciano Rodrigues, CEO da empresa Wanke na época em que aplicou a metodologia:

> Posso dizer que este é um método rápido, poderoso, porém simples e prático, que **tem um poder absurdo para gerar alinhamento entre as áreas da empresa**, comunicação, sinergia, conexão, propósito e priorização do que realmente é importante com resultados extraordinários.

Fabio Siqueira, CEO da empresa Apex Tools no período em que participou do treinamento:

> **É uma metodologia que envolve como nenhuma outra os times**, deixando-os altamente motivados, 100% focados naquilo que mais traz ou trará resultados, fazendo com que o próprio grupo crie e implante ações rápidas, efetivas, gerando grandes resultados em tempo recorde.

Michel Medeiros descreve assim sua experiência com a metodologia quando fora CEO da empresa Soluti:

> Essa metodologia permitiu criar **um real sentido de dono em nossa equipe**, estimulando a busca da excelência e do crescimento com resultados sustentáveis. Por meio de orientações criativas e exercícios práticos, gerando mudanças comportamentais significativas e importantes em todo time.

Leonardo Zipf, presidente da empresa Duas Rodas, à época, disse em seu depoimento que:

> A metodologia **gerou resultados financeiros importantíssimo para nossa empresa**, mas, acima de tudo, criou um ambiente de criatividade, com ferramentas extremamente modernas e aplicáveis em nosso dia a dia. [...] Além do resultado financeiro, que foi muito substancial, assumimos uma nova cultura de excelência em alta performance.

Assim como estes, temos mais algumas centenas de relatos para compartilhar com você. Mas imagino que não seja o caso agora. O que importa neste momento é saber se alguma das opiniões coletadas sobre a metodologia fazem sentido para você. São elas:

- Ela melhora os resultados financeiros da empresa;
- Ela gera mais sinergia entre as áreas da empresa;
- Ela melhora a comunicação interna;
- Ela gera conexão real das pessoas com a empresa;
- Ela cria mais engajamento do time;
- Ela aumenta a motivação da equipe;
- Ela cria um senso de dono;
- Ela auxilia na busca por mais excelência nas atividades;
- Ela obtém crescimento com resultados sustentáveis;
- Ela potencializa a cultura de protagonismo e inovação;
- Ela implanta uma nova cultura de excelência em alta performance.

Se você acredita que nenhum desses pontos precisam ser melhorados em sua empresa, que ela já esteja 100% em todos esses tópicos, então não perca mais seu tempo, pois este livro não é para você.

Da mesma forma, se você acredita que toda essa mudança com apenas uma metodologia é boa demais para ser verdade, mais uma vez, afirmo que este livro não é para você! Busque leituras mais tradicionais e baseadas naquilo que você já conhece, faz ou acredita que funcione. (Afinal, o adulto, em geral, só acredita vendo.)

Agora, se busca alguns dos benefícios citados, está disposto a aprender coisas novas e quer colocar a mão na massa, afirmo que, a partir daqui, você deve se preparar para uma experiência transformadora. Cada página deste livro lhe trará novas perspectivas com embasamento, bem como exemplos que irão impulsionar seu crescimento tanto pessoal quanto profissional, além de um crescimento exponencial como líder.

Claro que você deve estar comprometido em aplicar o que aprendeu e a se reinventar, consciente de que deixará um legado duradouro por onde passar. Este livro será seu guia para desvendar os mistérios da transformação da liderança e lhe disponibilizará um método de trabalho para isso.

Mas você pode estar se perguntando: "Por que preciso de um método? Já não sou um líder competente?". A resposta é sim, você pode até sê-lo. No entanto, a liderança exponencial não é apenas sobre competência, mas sobre alcançar um nível de liderança que transcende ao comum.

Imagine liderar uma equipe ou uma organização que não apenas atinge suas metas, mas as supera, aprende e evolui de forma consistente. Imagine ser capaz de inovar de maneira natural, constante e eficaz para que sua equipe e a sua organização estejam sempre na vanguarda. Imagine criar um legado da sua liderança que inspire não apenas sua equipe e seus colegas, mas gerações futuras.

Tudo isso é possível com o Método da Liderança 10X, o qual vou compartilhar com você agora. Ele traz uma abordagem que leva em conta não apenas o que sabemos, mas também como aplicamos esse conhecimento.

Vou guiar você em sua jornada de aprimoramento e crescimento profissional como líder. Minha proposta é fornecer um método abrangente que o ajudará a navegar por diferentes etapas da inovação e evolução da sua carreira executiva.

Começaremos com a *Melhoria Contínua*, a primeira fase dessa jornada. Aqui, como líder, você deverá se concentrar em entender as necessidades dos seus *stakeholders*, visando otimizar processos, produtos ou serviços já existentes. É como ajustar as velas do barco para se obter um desempenho ainda melhor. É o ponto de partida, no qual você aprenderá a aprimorar constantemente as entregas do setor ou da empresa e saberá como engajar o seu time de fato nesse processo.

Em seguida, avançamos para a *Inovação Incremental*. Nessa fase, você começará a introduzir mudanças mais significativas em suas práticas de liderança, incorporando novos recursos à sua abordagem e trazendo melhorias mais notáveis. É como dar um passo adiante em direção à Liderança 10X.

À medida que progredimos, chegaremos à terceira etapa, chamada *Inovação Disruptiva*. Na qual, você vai se aventurar em território desconhecido, criando soluções e desafiando os modelos convencionais, aprendendo a ousar e a se adaptar rapidamente às mudanças do mercado. É uma fase de crescimento mais ousado.

Por fim, alcançamos a *Inovação Radical ou Transformadora*, a fase mais avançada. Neste ponto, você estará pronto para revolucionar sua abordagem e redefinir seu papel de líder, criando mudanças que podem transformar toda a indústria ou o mercado em que atua. É o ápice da sua jornada de inovação e crescimento.

Em resumo, o método proposto guiará você por uma sequência gradual, começando pela melhoria contínua e progredindo até a inovação radical. Cada etapa representa um nível mais elevado de sua capacidade de liderança, bem como da habilidade de se adaptar e de inovar em um mundo em constante evolução.

Para começar nossa jornada, iremos explorar e treinar cinco comportamentos, que se repetirão em intensidades diferentes em cinco níveis de atuações. Em nossa analogia, esses comportamentos representam os primeiros cinco **X** descritos pelas seguintes palavras-chave:

eXperimentar, **eXpandir**, **eXecutar**, **eXcepcional** e **eXemplar**.

Já os cinco níveis de atuação seriam:

eXpedicionário, **eXcelência**, **eXtraordinário**, **eXplorador** e **eXponencial**.

O conjunto formado por esses comportamentos e níveis de atuação corresponde aos 10X que abarcam a metodologia exposta neste livro.

ENTENDENDO PENSAMENTOS, SENTIMENTOS E COMPORTAMENTOS

1X – EXPERIMENTAR

Tudo começa com o comportamento *eXperimentar*, que se refere à atitude de experimentar novas abordagens, ideias e soluções, muitas vezes fora de nossa *zona de segurança*, com o objetivo de buscar melhorias significativas e resultados diferentes. Isso envolve testar hipóteses, explorar alternativas, buscar novas possibilidades e estar disposto a aceitar tanto o sucesso quanto o fracasso como oportunidades de aprendizado valiosas. O objetivo aqui é compreender o poder de se aprender rapidamente, permitindo a si mesmo errar rapidamente para poder corrigir em tempo hábil.

Relacionando isso ao conceito de um *líder 10X*, um líder com essa abordagem adota uma mentalidade de experimentação e de inovação constantes. Em vez de se ater às estratégias e práticas convencionais, para chegar ao 10X um líder deve estar disposto a desafiar o *status quo*, questionar suposições e buscar alternativas e soluções fora ao seu mundo. Parte-se do pressuposto de que tudo é possível, só não sabemos ainda como fazê-lo – ou seja, uma questão de tempo. Afinal, existe uma diferença muito grande entre "não é possível" e "não sabemos, mas temos de aprender".

Um líder 10X não se contenta com apenas melhorias incrementais; em vez disso, busca experimentar novas formas que possam trazer crescimentos exponenciais.

Para chegar ao *status* de 10X, esse profissional deve ser capaz, acima de tudo, de inspirar sua equipe a abraçar a mentalidade de experimentação, encorajando a exploração de novas ideias, abordagens e tecnologias. Essa mentalidade cria um ambiente de aprendizado contínuo, no qual os erros são vistos como oportunidades de aprendizado e os ajustes são feitos com base em resultados obtidos.

Em resumo, o comportamento *eXperimentar* deve estar sempre intrinsecamente ligado à mentalidade de um líder 10X, pois enfatiza a importância de buscar mudanças por meio da experimentação corajosa e constante de novas possibilidades. Falaremos mais à frente como aplicar isso de forma prática, estratégica e constante.

2X – EXPANDIR

O comportamento *eXpandir* visa a uma expansão de consciência. Einstein possui uma frase que expressa muito bem o sentimento e o comportamento aqui citados: **"a mente que se abre a uma nova ideia jamais voltará ao seu tamanho original"**.

Essa ideia relacionada à adoção de uma mentalidade aberta que busca ampliar seus conhecimentos e fazer conexões entre as diversas possibilidades que tem à sua disposição. No contexto deste livro, significa conectar novos mercados, parcerias, segmentos de clientes e áreas de atuação, visando a uma expansão de consciência em relação a nossa área de atuação.

O comportamento *eXpandir* representa a capacidade de um líder em juntar peças e criar o novo. Está relacionado à capacidade de coletar várias informações soltas, diversas ideias e sugestões e as transformar em uma grande perspectiva. Expandir a visão, para construir uma ponte entre o estado atual e o desejado.

Um líder com o comportamento *eXpandir* inspira sua equipe a pensar e construir juntos, pois entende que às vezes cada membro da equipe possui apenas uma parte da ideia, e sua outra parte terá de ser encontrada dentro ou fora do nosso setor ou empresa. Dessa forma, amplia-se a criatividade, encoraja-se a exploração e a interação com outras áreas e departamentos na busca por parcerias estratégicas e por maneiras inovadoras de atender às necessidades de clientes internos e externos.

Nos próximos capítulos, será demonstrado como construir essas pontes rumo a soluções criativas e inovadoras.

3X – EXECUTAR

O comportamento *eXecutar* é caracterizado pela capacidade de implementar de modo eficaz e eficiente estratégias, planos e ideias previamente concebidos. Ele está relacionado a comprometimento, ação decisiva e foco na execução de tarefas e projetos de maneira consistente e com excelência.

No contexto do conceito de *Líder 10X*, o comportamento *eXecutar* é essencial para transformar visões e ideias ambiciosas em realidade tangível. Líderes 10X não apenas concebem ideias inovadoras, mas também as colocam em prática de maneira sólida e consistente. São conhecidos por serem líderes de ação, que não se contentam apenas com o planejamento, mas também se dedicam a garantir que as estratégias sejam implementadas com sucesso.

Um Líder 10X demonstra a capacidade de tomar decisões rápidas e eficazes à medida que é suprido de informações. A partir da aplicação de testes, MVPs (Mínimo Produto Viável) e POCs (Provas de Conceito), coletam as informações mais relevantes para nortear a montagem de seu plano de ações, metas e resultados.

Esse profissional também não perde muito tempo com excesso de planejamento e com suposições sobre o futuro. Muitos acreditam que quanto mais planejamos, mais resultados temos. Não necessariamente. Afinal, é impossível planejar todas as possibilidades em contextos mercadológicos muito voláteis e complexos.

Então, a palavra de ordem é AÇÃO. O sucesso daqui para frente vem do fazer e aprender fazendo, ao mesmo tempo que temos consciência de que dificilmente se chega à perfeição, pois, como as coisas estão sempre mudando, quando estivermos na plenitude da execução, teremos de aprender algo novo, partindo do zero mais uma vez.

Líderes 10X possuem uma mentalidade orientada para resultados e são habilidosos em alinhar recursos, otimizar processos e superar desafios ao longo do caminho. Além disso, um líder com o comportamento *eXecutar* é um modelo para a equipe como realizador na busca das metas, capaz de inspirar e motivar a equipe a superar obstáculos o tempo todo, mantendo um alto padrão de energia e ação para alcançar os resultados desejados.

Portanto, o comportamento *eXecutar* é fundamental para o sucesso de líderes 10X, pois permite que traduzam visões ousadas em ações concretas, alcançando resultados impressionantes e demonstrando um comprometimento inabalável com a transformação e o crescimento da organização.

4X – EXCEPCIONAL

O comportamento *eXcepcional* refere-se a uma abordagem fora do comum e notável em todas as áreas da liderança. Ele envolve a busca constante pela excelência, o estabelecimento de padrões elevados e a criação de um impacto significativo e positivo em todas as interações e situações.

Quando aplicado ao contexto de um líder 10X, o comportamento *eXcepcional* implica em se destacar de maneira excepcional em todas as dimensões da sua liderança. Esses líderes não se contentam com a mediocridade, esforçando-se continuamente para se superar e se destacar em suas ações, decisões e relacionamentos.

Um líder *eXcepcional* não apenas alcança resultados extraordinários, mas também inspira e influencia os outros de maneira positiva, enquanto trabalha com o lema de que "não existe nada bom que não possa ser melhorado". Eles são conhecidos por sua ética de trabalho implacável, atenção aos detalhes e dedicação em oferecer qualidade superior em tudo o que fazem.

Um Líder 10X com o comportamento *eXcepcional* constrói confiança com sua equipe por meio de ações consistentes e transparentes, entrega de resultados acima da média e do que é esperado, demonstrando um compromisso genuíno em fazer sempre mais, melhor, mais rápido e com menos.

Em resumo, o comportamento *eXcepcional* é uma marca distintiva de um líder 10X, trazendo consigo características como busca implacável por excelência, impacto positivo duradouro e a capacidade de se destacar como um líder inspirador, influente e inovador em todas as áreas da liderança.

5X – EXEMPLAR

O comportamento *eXemplar* refere-se a um modelo a ser seguido, exemplar em valores, integridade e empatia. Ele condiz com alguém que inspira e influencia os outros por meio de suas ações, valores e ética. Ao mesmo tempo, esse comportamento envolve não apenas falar sobre princípios, mas também viver e demonstrar esses princípios em todas as interações e situações.

No contexto de um líder 10X, o comportamento *eXemplar* é fundamental. Um líder com esse comportamento não apenas diz às pessoas o que fazer, mas o que é certo a ser feito, mostrando-lhes por meio de exemplos próprios como devem agir. Incorporam os valores da organização e demonstram os padrões mais altos de conduta ética, profissionalismo e integridade.

Os líderes 10X com comportamento *eXemplar* são capazes de influenciar positivamente quem está a sua volta, inspirando-os a seguirem seu exemplo e se esforçarem para atingir os mesmos padrões de excelência. Criam um ambiente em que os membros da equipe são motivados a se superar e a se tornar melhores como profissionais e indivíduos.

Portanto, esse comportamento envolve uma disposição para admitir erros e para aprender com eles. Um líder *eXemplar* reconhece que ninguém é perfeito e que cometer erros é inevitável. No entanto, ele também demonstra aos demais a importância de ser responsável por suas ações e de trabalhar para melhorar e crescer a partir de suas experiências.

Um líder com comportamento *eXemplar* também valoriza a diversidade e a inclusão, promovendo um ambiente de respeito e colaboração entre pessoas de diferentes origens e perspectivas. Mostra que todos são importantes e contribuem para o sucesso da equipe.

Em resumo, um Líder 10X com comportamento *eXemplar* deve ser um modelo de integridade, profissionalismo, ética e excelência, bem como servir de inspiração para os outros. Esse comportamento cria uma cultura de aprendizado, crescimento e colaboração, na qual todos são incentivados a se esforçarem para ser a melhor versão de si mesmos, e a contribuírem para o sucesso da organização.

Esses comportamentos devem estar presentes em você o tempo todo. Tudo que você fizer, todas as reuniões de que participar, em cada projeto que montar. Esses pensamentos, sentimentos e comportamentos devem estar vívidos em você. Não se esqueça disso.

Porém, para que as coisas aconteçam, além de pensamentos e comportamentos precisamos agora de passos claros e bem-definidos. Caso contrário, podemos nos perder e ficar dando voltas, sem saber se estamos evoluindo, se estamos chegando ou se já atingimos nosso objetivo.

OS CINCO NÍVEIS DE ATUAÇÃO ATÉ A GRADUAÇÃO NAS CLASSES DE IMPLANTAÇÃO DO *FRAMEWORK* DA LIDERANÇA 10X

Esses cinco níveis funcionam como etapas, como degraus até o topo. Aqui, a linha mestra é a de que, dentro de cada etapa, se tem um conjunto de ferramentas, atividades e resultados específicos que você terá de atingir para se graduar – e graduar seu time – para a próxima etapa.

6X - CLASSE *EXPEDICIONÁRIO*

A metáfora do *eXpedicionário* é a de alguém que participa de uma expedição, geralmente uma viagem ou jornada com um propósito específico de exploração, pesquisa ou descoberta, por exemplo. Essa etapa tem como objetivo conhecer o ambiente à nossa volta, buscando uma visão mais ampla, lateralizada, pela qual iremos mapear as necessidades de nossos *stakeholders*. Nela são utilizadas pesquisas de campo para se descobrir quais são as "dores" mais importantes a serem atendidas por nós, e qual o nível atual de satisfação na percepção dos *stakeholders* com o nosso setor ou empresa.

Isso significa buscar entendimento do ponto de vista das partes interessadas – como nossos clientes internos e externos – o que permitirá mapear todo nosso "ecossistema", todo o território a nossa volta, e sabermos para onde devemos ir e como devemos ir. Fazendo dessa forma, o líder pode guiar o seu time rumo ao sucesso e à excelência operacional. Isso também permitirá que ele conheça mais sobre as outras áreas e tenha um conhecimento mais amplo e lateral em relação à sua posição, em vez de focar apenas em assuntos de sua área.

Posso afirmar que, atualmente, essa lateralidade é o elemento mais importante. Conhecer bem as "dores" dos seus *stakeholders* lhe oferecerá uma vantagem competitiva enorme frente aos seus "concorrentes", além de abrir portas para inovações. A maior fonte de inspiração são nossos *stakeholders*, e será pela interação com eles que você perceberá um universo de possibilidades que poderão lhe abrir portas para a inovação.

Em resumo, o objetivo é entender as dores, mapear as necessidades e medir a satisfação atual dos nossos *stakeholders*, utilizando um conceito similar ao Net Promoter Score. Afinal de contas, o que não é medido não pode ser gerenciado, nem mesmo melhorado.

7X – CLASSE *EXCELÊNCIA*

A classe *eXcelência* refere-se ao mais alto padrão de qualidade, desempenho ou realização em uma área específica. É a busca constante pela melhoria contínua e pelo melhor resultado possível, seja em produtos, serviços ou ações pessoais e profissionais. Uma vez entendidas as necessidades de nossos *stakeholders*, nessa etapa nosso objetivo é sabermos qual é o nível de satisfação atual com as entregas de nosso setor e buscar formas de entregar o mais alto padrão de qualidade e desempenho, identificando gargalos e elaborando planos de ações e melhorias para atingir o melhor resultado possível (idealmente, uma nota nove ou dez de satisfação por parte dos *stakeholders*). É aqui que entram as etapas de *brainstorming*, "pivotagem", elaboração de projetos e implantação de ações concretas.

Em resumo, o objetivo é atender com excelência as necessidades dos nossos *stakeholders*, eliminando pontos detratores, a fim de que nosso setor ou nossa empresa consagrem-se como elite. Podemos descrever as soluções aqui propostas – como melhoria contínua ou inovação incremental – com foco na otimização ou criação de novos processos, produtos ou serviços. Geralmente, envolvem a introdução de novos recursos, funcionalidades ou melhorias nos produtos ou serviços existentes, podendo incluir novas tecnologias ou a adaptação de tecnologias já existentes para novos usos.

8X – CLASSE *EXTRAORDINÁRIO*

Esta etapa descreve algo que está além do comum, que é excepcional ou fora do ordinário, sendo esse termo usado para destacar algo com características notáveis, incomuns ou surpreendentes em termos de qualidade e desempenho. Uma vez que as necessidades de nossos *stakeholders* foram atendidas com excelência, o próximo passo é superar suas expectativas, entregando algo surpreendente, incomum, um "algo a mais" que não foi solicitado.

Em resumo, objetivo é superar as expectativas dos nossos *stakeholders* e da empresa, e se consagrar como setor ou empresa fora de série, indo além do esperado ou do que os outros exigem de nós. Nesse sentido, podemos descrever as soluções aqui propostas como variando de inovações incrementais a disruptivas – ou seja, uma continuação da melhoria incremental, mas com mudanças mais significativas. Muitas vezes, a introdução de novas plataformas ou modelos de negócios permite a criação de várias inovações incrementais, ao mesmo tempo que serve como base para melhorias e expansões subsequentes.

9X – CLASSE *EXPLORADOR*

Este nível se refere a alguém que se dedica à exploração de novos territórios, ideias, possibilidades ou conhecimento. É alguém que busca descobrir, investigar e aprender sobre o desconhecido, muitas vezes, indo além dos limites estabelecidos em busca de novas fronteiras. Uma vez entendidas, atendidas com excelência e superadas as expectativas de nossos *stakeholders*, é chegada a hora de explorar novos territórios, novas tecnologias, novas fontes de renda, novos modelos de negócios, novos caminhos, diferentes daqueles utilizados ou adotados até o momento.

Em resumo, o objetivo do nível *eXplorador* é de fato "pensar fora da caixa", pensar fora do setor ou da empresa, pensar fora das nossas linhas de atuação ou limitações de negócios. Podemos descrever as soluções aqui propostas como inovações disruptivas, como a criação de novos produtos, serviços ou processos que desafiam os modelos existentes. Soluções que tendem a ser mais radicais e que podem causar perturbações significativas em um mercado, geralmente envolvendo a introdução de novas tecnologias ou abordagens.

10X – CLASSE *EXPONENCIAL*

Refere-se a um crescimento ou aumento significativo que ocorre de maneira acelerada e proporcional ao tamanho atual. Na matemática, uma função exponencial é caracterizada por um crescimento cada vez mais rápido à medida que os valores aumentam. No contexto geral, algo que é *eXponencial* experimenta um aumento dramático ou multiplicativo, em vez de um crescimento linear ou proporcional. Isso pode se aplicar a áreas como tecnologia, negócios, ciência e muitas outras.

Em resumo, esta etapa tem como objetivo buscar formas de escalar processos e negócios para não só se conseguir um crescimento acelerado, mas também gerar um impacto transformador no meio onde se está inserido. Estamos falando de mudanças que redefinem uma indústria ou mercado. Podemos descrever a inovação neste caso como radical ou transformadora – ou massivamente transformadora, como gosto de chamar. O que temos aqui é a proposta de gradativamente passar da melhoria contínua para a inovação incremental, seguida pela inovação disruptiva e, por fim, chegando a radical ou transformadora.

Mesmo que você não esteja buscando propriamente atingir a graduação de líder *eXponencial*, ainda pensa em ser pelo menos um líder da classe *eXcelência*? Devo dizer que esse patamar já seria excelente para a maioria dos líderes. No entanto, é importante ressaltar que se deve sempre querer ascender mais patamares, pois, a cada estágio alcançado, acumulamos novos potenciais que poderão ser usados no futuro.

Atingir o grau mais elevado significa que, mesmo que você não consiga utilizar todo esse potencial na empresa da qual faz parte, ainda assim estará habilitado e pronto para ocupar cargos e posições ainda mais estratégicas e relevantes em outras empresas – terá sua visão e suas possibilidades ampliadas em 10X.

Mas é claro que todos os níveis devem coexistir o tempo todo dentro de um equilíbrio. Esse ponto me faz lembrar da analogia do equilibrista de pratos. Quando chegamos a um certo patamar e começamos a fazer um "pratinho" girar, é preciso manter nossa atenção nele, abrir espaço para o próximo e, antes de seguir adiante, voltar e dar um pouco mais de energia para o prato anterior, garantindo assim que ele não pare. Esse processo continua à medida que avançamos para o terceiro prato, observando novamente o primeiro e o segundo, fornecendo a energia necessária para mantê-los girando, mas sem exagerar para não os derrubar. À medida que abrimos o quarto e o quinto pratos, a manutenção se torna crucial. No final, quando os cinco pratos estão girando perfeitamente, a sensação é de que estamos realizando um verdadeiro espetáculo, e os aplausos são inevitáveis, mesmo que nosso objetivo principal não seja exatamente dar um *show*, mas sim alcançar o sucesso desejado. É uma prova de que a perseverança e o equilíbrio ao longo do caminho podem levar a resultados notáveis. Que tal colocar os pratinhos para girar?

CONCLUSÃO:

Para se tornar um líder 10X, é importante entender e seguir cada passo e realizar com maestria cada etapa. Em primeiro lugar, isso lhe permitirá ter uma base de conhecimento e sustentação em cada nível, possibilitando seu avanço de forma mais segura e consistente. Além disso, cada etapa é "viva" e está em constante transformação. Uma vez concluída, deve ser cuidada – sua manutenção deve ser seguida de forma regular, para não desmoronar. Porém, ao final, como numa construção em que tudo está em seu devido lugar, você verá o poder dessa estrutura.

ESTRUTURAÇÃO DO LIVRO

Se você deseja continuar, vou explicar como este livro foi construído e como obter dele os melhores resultados.

Os sete primeiros capítulos são estruturados de forma a lhe proporcionar maior embasamento, profundidade e entendimento sobre as práticas que virão em seguida. Compreenda que os exercícios práticos são como a ponta de um iceberg – se você não entender com profundidade o que há por baixo, ou, no caso, o que sustenta cada atividade, provavelmente não obterá resultados grandiosos como os relatados pelos CEOs há pouco (e por tantos outros mais que aprenderam a metodologia com profundidade e a aplicaram com maestria).

Para isso, tenha paciência e desfrute de cada capítulo até chegar às etapas práticas. Ficará muito mais claro o que e como você terá que agir.

Mas para lhe ajudar, preparamos aquela surpresa, lembra?

Acesse o *QR code* para eu lhe explicar pessoalmente como obter melhores resultados deste livro, e também para ter acesso a uma plataforma interativa, onde explicamos o conteúdo por meio de vídeos rápidos, aplicações práticas e visualizações reais dos exercícios sendo conduzidos, o que vai facilitar e acelerar sua capacitação para se tornar um verdadeiro treinador de times de alta performance. Além disso, você terá acesso a diversos prêmios e conteúdos extras.

NÃO PERCA MAIS TEMPO.
QUANDO HOJE SERÁ UM BOM DIA PARA COMEÇAR?

Você ficará muito feliz quando perceber quantas coisas novas e diferentes poderá aplicar imediatamente, consigo mesmo e com o seu time.

CAPÍTULO **01.**

LIDERANÇA EXPONENCIAL: NAVEGANDO NA ONDA DAS MUDANÇAS 10X

"

A essência da liderança exponencial é entender que cada membro da equipe é um agente de valor, capaz de contribuir de forma intensa para a melhoria e o alcance de novos resultados em todos os níveis. E o papel do líder atual consiste exatamente em canalizar cada gota de contribuição para a construção de um resultado fora do comum.

ANDRÉ GIROTTO

"

BEM-VINDO A UM MERGULHO PROFUNDO NA CIÊNCIA DA TRANSFORMAÇÃO DA LIDERANÇA!

Neste capítulo, você irá conhecer novos os aspectos desta fascinante jornada. Exploraremos descobertas da neurociência, desvendaremos segredos da psicologia positiva e mergulhemos de forma aprofundada nas últimas análises das mudanças sociais.

Lembrando que, a cada passo na estrada da liderança, seremos confrontados com crenças, desafios e oportunidades que irão testar nossa coragem, vontade, visão e habilidades. Nesse complexo mundo em constante evolução, a capacidade de liderar em tempos de mudanças repentinas se tornou um diferencial decisivo para o sucesso daqui para frente. No entanto, diante das demandas crescentes, surge a pergunta: **o que é essa liderança exponencial e qual o seu poder transformador?**

A liderança exponencial é um conceito que se baseia na ideia de que os líderes podem alavancar as tecnologias emergentes, a inovação e a colaboração para gerar um impacto transformador em suas organizações e na sociedade como um todo. Ela se concentra em liderar a mudança de forma acelerada e adaptativa, aproveitando o potencial das pessoas, as novas tecnologias, os modelos de negócios e as ideias incrementais, disruptivas e radicais.

O poder transformador da liderança exponencial está relacionado à capacidade de líderes inspirarem e mobilizarem suas equipes no sentido da adoção de uma mentalidade de crescimento, inovação, experimentação e aprendizado contínuo. De promoverem uma cultura na qual todos podem (e devem) participar de tudo relacionado à performance do setor do qual fazem parte, ou relacionado a empresa como um todo, na busca por soluções criativas, abraçando riscos calculados e dispostos a abandonar práticas comuns ou obsoletas em favor de abordagens mais ágeis e eficazes. Isso permite que as organizações se adaptem rapidamente às mudanças do ambiente de negócios e se destaquem em um mundo cada vez mais volátil e incerto.

Em resumo, a liderança exponencial é poderosa porque capacita os líderes a impulsionar transformações significativas, adotando inovações, tecnologias e abordagens ágeis, bem como promovendo uma cultura de protagonismo, inovação e aprendizados rápidos e constantes. Isso não apenas mantém as empresas competitivas, mas também as coloca na vanguarda da criação de um impacto positivo e duradouro.

Essa necessidade de mudanças rápidas não é um privilégio. A evolução do conhecimento ao longo das diferentes revoluções industriais oferece uma visão fascinante do acelerado progresso da humanidade, e de quais são as exigências atuais de adaptação e aprendizado que devemos abraçar se quisermos continuar relevantes como líderes ou empresários.

Para entender a velocidade das mudanças que estamos enfrentando hoje, vamos fazer uma retrospectiva histórica da chamada Revolução Industrial 1.0, ocorrida entre os séculos XVIII e XIX.

Essa primeira revolução industrial foi marcada pela introdução da mecanização movida à energia a vapor, que lentamente passava a ocupar o lugar de práticas manuais imutáveis há mais de uma centena de anos – estima-se que nesse período se levava sete ou oito gerações para o conhecimento dobrar.

Em seguida, tivemos a chamada Revolução Industrial 2.0 (ocorrida entre fins do século XIX a início do século XX). Foram introduzidos nesse período avanços como a eletricidade e a produção em massa graças à linha de montagem. O conhecimento começou a se expandir mais rapidamente, e o tempo para ele dobrar diminuiu para algumas décadas – agora, em duas ou três gerações, já se percebiam mudanças radicais na maneira de se fazer as coisas.

A chamada Revolução Industrial 3.0 (século XX) corresponde à chamada Revolução Digital, impulsionada pela eletrônica e pela automação. A difusão do conhecimento passa a dobrar a cada poucos anos. À medida que a informática e a tecnologia da informação se tornaram predominantes, esse processo de difusão de conhecimento ganha um ritmo vertiginoso. Estima-se que a atual geração é exposta a dez vezes mais mudanças e experiências transformadoras que a geração anterior.

A Revolução Industrial 4.0 também é caracterizada pela fusão de tecnologias digitais, físicas e biológicas. Segundo uma pesquisa da Health Tech, com a disseminação da internet, da inteligência artificial, da biotecnologia e da automação avançada, a disseminação de conhecimento passou a dobrar a cada 73 dias.

Ou seja, o conhecimento dobrava a cada dois anos – ou 730 dias –, e agora dobra a cada 73 dias, isso significa que ele avança, atualmente, dez vezes mais rápido – ou, dito de maneira mais compreensível, 10X. E esse é um dos primeiros motivos pelos quais nos referimos aos desafios atuais da liderança de liderança 10X.

A partir de agora, não é que teremos de ser simplesmente mais adaptáveis. Teremos de ser dez vezes mais adaptáveis do que antes. Não é que teremos que ser apenas mais ágeis. Teremos que ser dez vezes mais ágeis. Não é que teremos apenas de aprender mais do que antes. Teremos de aprender dez vezes mais. Só isso!

Isso é apenas um exemplo vívido da rápida evolução do conhecimento em um mundo altamente conectado e tecnológico. Por isso, se você não captar essa ideia, não estará "fora do mercado" em dez anos, estará fora em um ano. Tudo agora é dez vezes mais, compreende?

A Revolução Industrial 4.0 trouxe um ritmo sem precedentes de crescimento do conhecimento. Portanto, ela exige líderes e profissionais altamente adaptáveis e inovadores. A capacidade de aprender rapidamente e de se adaptar a novas tecnologias e informações é fundamental para o sucesso em um mundo caracterizado por mudanças exponenciais.

Porém, com esse *framework*, você terá dez vezes mais chances de obter sucesso do que seus concorrentes. Posso dizer que esse será o seu trunfo em relação aos demais. Por isso, não desperdice esta oportunidade.

QUAL SERÁ O SEU MAIOR DESAFIO?

O maior desafio será diminuir o tempo que você leva para abandonar práticas antigas e substituí-las rapidamente por novas formas de interagir com o mercado – com seus *stakeholders* – na busca por novas soluções para novos desafios.

Entenda que abandonar algo "velho" e que lhe impede de aprender algo novo (seja por motivos psicológicos ou emocionais) será o obstáculo nesse novo cenário. Para tanto, algumas atitudes deverão ser tomadas.

- **Sair da inércia e da *zona de segurança***

  As pessoas tendem a se apegar ao que é familiar e confortável, mesmo que isso possa não ser o mais eficaz ou benéfico. A mudança envolve esforço, tempo e risco, enquanto o *status quo* é conhecido e requer menos energia mental. Além do tempo que aprender algo novo demanda, tem também a questão da energia física e mental e, claro, o receio de se arriscar no desconhecido, assim, no "meio da partida".

  Se você estiver ganhando o jogo de goleada, com um nível de esforço pequeno, ok. Aproveite que está fácil para aprender coisas novas. Porém, pode ser que o jogo se torne mais difícil ao passar de fase. Assim, caso já não esteja fácil, a dica é: mude rapidamente, pois, se ficou difícil agora, será então praticamente impossível passar pela próxima fase se mantiver as mesmas práticas.

- **Abandonar o medo do desconhecido**

  A incerteza associada à mudança pode ser assustadora. As pessoas muitas vezes temem o que podem perder ou como suas vidas podem ser afetadas pela transição para algo novo e desconhecido. Mudar para aquilo com o que não se está habituado poderá levar a uma circunstância inesperada. Isso pode fazer com que se perca controle da situação, e os desdobramentos tornam-se imprevisíveis.

  Sei que esses aspectos são muito importantes. Contudo, pense que um assunto, sobre o qual você já tem domínio, foi um dia desconhecido, necessitando de esforço e enfrentamento para ser aprendido. Talvez hoje você o execute com maestria – e parece ruim sair da posição de mestre em algo para uma de "leigo" ou de aprendiz –, mas é justamente isso que o atual momento demanda. Se não aceitarmos esse fato, perdemos a vergonha, deixarmos questões de ego de lado e sairmos constantemente da posição de mestre para a de aprendiz, estaremos fora do jogo em um ano. Essa é uma escolha que deve ser clara para você.

- ***Sunk Cost Fallacy***

  Também conhecido como "erro dos custos irreversíveis", representa uma situação na qual as pessoas se sentem relutantes em abandonar algo antigo porque já investiram tempo, recursos e esforço nele. Mesmo que seja evidente que a abordagem usada até então não está funcionando, elas podem ainda assim hesitar em desistir devido ao investimento prévio. Um cliente meu, CEO de uma grande empresa de *software*, certa vez me disse que: "o menor prejuízo é o primeiro". Eu demorei alguns minutos para entender, até que ele completou: "o prejuízo de manter isso assim [de uma forma que não está dando o resultado esperado] será maior do que o custo de mudar". Ou seja, em vez de insistir em uma solução apenas por ela já ter consumido algum investimento, é preferível aceitar perder logo o que foi investido e apostar que o ganho de performance trazido pela mudança pode se traduzir em lucros maiores. Isso me marcou muito: mude rápido, para não ficar caro.

- **Livrar-se do apego emocional**

  O apego emocional dificuta a ação de se separar de algo, mesmo que a mudança seja racionalmente justificável. Muitas vezes, criamos conexão com coisas, objetos, modelos, padrões; pois, deixar de fazer algo da maneira que estamos acostumados pode, de certa forma, parecer negar a nós mesmos.

  Um exemplo disso é o de uma empresa que cresceu muito, mas o CEO ainda faz questão de atender seus clientes antigos pessoalmente. Não há nada de mal em o CEO dar atenção aos seus clientes mais antigos. Ele pode até marcar um almoço com eles, uma reunião virtual e atender alguns pedidos, quando necessário. Porém, com o crescimento de suas atribuições trazido pelo desenvolvimento de sua empresa, se ele não crescer profissionalmente e assumir as responsabilidades e as necessidades que o cargo demanda, seria melhor colocar então um novo CEO e o outro continuar atendendo sua carteira de clientes como ele fazia quando começou. Talvez ele não queira isso, pois deixar de atender aqueles clientes pessoalmente seria negar o passado e deixar de ser grato àqueles que o ajudaram no começo.

Não posso dizer aqui nem que sim e nem que não está certa essa visão. Digo apenas que, se quisermos crescer, também teremos de escolher quais mudanças teremos de fazer. São escolhas. Apenas isso, escolhas.

- **Mudar hábitos e rotinas**

  Esse talvez seja o desafio mais cruel. Afinal, as pessoas são criaturas de hábito. Existem autores os quais, inclusive, entendem que o hábito tem sua importância, a exemplo do norte-americano Charles Duhigg, famoso pelo *best-seller O poder do hábito* (2012). Em seu livro, Duhigg destaca a importância e os ganhos de se criar bons hábitos. Contudo, com o tempo e as mudanças rápidas trazidas pelo mundo contemporâneo, muitos deles se tornam obsoletos e "antigos", e não se encaixam mais em nossas rotinas. O problema é que, quanto mais tempo aquilo foi praticado, mais forte fica, e mais difícil será de ser quebrado. Mesmo que um novo comportamento seja desejável, será preciso tempo e energia para criar hábitos (dois recursos muito escassos para os líderes convencionais nos dias de hoje).

- **Não apegar-se à autoconfiança que vem com o sucesso**

  Outro grande perigo é aceitarmos mudanças quando somos bem-sucedidos e realizados, já que essa situação gera um instinto natural que nos manda permanecer no mesmo curso. Seguimos rotinas porque isso funcionou no passado. Porém devemos ficar atentos ao fato de que nosso entorno vive em constante mutação. As formas de emprego mudam, a maneira como clientes compram muda, os concorrentes crescem (às vezes, exponencialmente), a tecnologia muda.

Para ficar mais fácil de superar esses desafios, devemos conhecer a fundo nosso inimigo – neste caso, a dificuldade de mudar. Vários estudos e pesquisas têm abordado essa questão, fornecendo *insights* sobre os motivos por trás dessa resistência à mudança. Um estudo clássico nesse campo é o modelo de Curva da Mudança, desenvolvido por Elisabeth Kübler-Ross, que descreve as fases emocionais que as pessoas enfrentam durante processos de transição. Essas fases incluem negação, resistência, exploração e aceitação.

Um exemplo prático que ilustra essa resistência à mudança é a transição de empresas para modelos de trabalho remoto durante a pandemia de COVID-19.

Anteriormente a isso, muito se falava sobre essa nova forma de se trabalhar, mas, muitos ainda tinham medo dessa transformação. Contudo, a pandemia forçou muitos indivíduos e organizações a abandonar a familiaridade e as rotinas do trabalho presencial e enfrentar novos desafios relacionados à adaptação a novas tecnologias e ao estabelecimento de uma nova dinâmica de trabalho e de gestão da colaboração virtual. Essa mudança gerou resistência em muitos casos, pois as pessoas estavam acostumadas com a rotina e a interação presencial.

Muitos reaprenderam, muitas empresas obtiveram grandes resultados, as barreiras da distância foram totalmente removidas, os custos com deslocamento, viagem, estrutura física, transporte foram reduzidos, e em muitos casos houve ganho significativo de performance. Porém, como em tudo na vida, é claro que houve perdas de diversas naturezas. Como em todo processo de mudança, é inevitável que existam perdas e ganhos. Contudo, a mudança e a capacidade de fazer escolhas nunca foram tão importantes e necessárias. Na verdade, jamais se teve de fazer tantas escolhas em tão pouco tempo como agora. Mudar se tornou o novo normal, bem como escolher como, em que direção e quando fazê-lo. Na verdade, todos esses fatores sempre existiram. A diferença atual é que estamos simplesmente vivendo as mudanças 10X.

Em contrapartida, posso afirmar que aprender algo novo pode ser "sofrido", sim. Isso é claro principalmente no começo, quando nos sentimos completamente perdidos, sem saber às vezes como dar o próximo passo, estacionados no mesmo lugar, apreensivos, ansiosos, nervosos, com vontade de abandonar tudo e voltar para o formato tradicional já conhecido. Eu sei bem como é isso. Mas, se mantivermos o foco, a dedicação e a mente aberta, dispostos a aceitar ajuda, quando aquilo que é buscado começar a funcionar, será com certeza motivador e estimulante, pois você estará se envolvendo com a aquisição de novos conhecimentos, de crescimento pessoal e ganhará uma perspectiva de novas oportunidades. Quanto maior for para nós o desafio, maior será a recompensa pessoal pela superação – o que, em geral, traz uma sensação de realização e de felicidade autênticas.

No entanto, superar a resistência à mudança e abandonar o antigo em favor do novo será o desafio mais importante para o desenvolvimento pessoal e profissional. Isso vai exigir autoconhecimento, disciplina, automotivação e, às vezes, apoio externo para que a transição ocorra da maneira mais suave possível.

MOVIMENTO EXIGE CORAGEM

Há diversos exemplos de empresas e executivos que enfrentaram com sucesso a resistência à mudança e obtiveram resultados significativos. Um desses exemplos é a empresa Netflix, a qual passou por uma transformação extraordinária ao migrar de um modelo de negócios baseado no aluguel de DVDs para um serviço de *streaming on-line*. Esse movimento exigiu coragem e uma visão estratégica por parte da empresa, que percebeu a necessidade de abandonar o modelo tradicional e abraçar a inovação tecnológica. Hoje, a Netflix é uma das principais plataformas de *streaming* do mundo, oferecendo conteúdo original e conquistando milhões de assinantes globalmente. Porém, mesmo ela deve constantemente se antecipar aos próximos movimentos de seus competidores, sob o risco de rapidamente ficar fora do mercado.

A capacidade de antecipar tendências.

Nesse contexto dinâmico, as lições de visionários como Jim Collins, autor de *Vencedoras por opção* (2019), e John Adair, cuja obra *Liderança para inovação* (2011) ressalta a importância de líderes que moldam o futuro, tornam-se ainda mais relevantes. A capacidade de antecipar tendências, estimular a criatividade e promover uma cultura de inovação é o alicerce sobre o qual a liderança exponencial é construída. Pense sempre: como será daqui a um ou dois anos? Como será daqui a cinco anos se o mundo continuar nesse ritmo? O que as pessoas estão buscando cada vez mais, e como o meu negócio pode atender essas necessidades? Como posso atender mais clientes, de forma melhor, mais rápida e gastando menos?

Se reinventar para sobreviver.

Outro exemplo notável é da Apple, quando liderada por Steve Jobs. Em seu retorno à empresa em 1997, Jobs percebeu que a Apple precisava se reinventar para sobreviver no mercado altamente competitivo da tecnologia. Ele implementou uma série de mudanças, incluindo a reestruturação de sua linha de produtos – o lançamento de aparelhos inovadores como o iPod, o iPhone e o iPad aliavam *design* elegante e intuitivo, transformando a experiência do usuário. Essas mudanças radicais levaram a Apple a se tornar uma das empresas mais valiosas do mundo, com uma base de fãs leais e produtos icônicos.

Visão audaciosa e compromisso com a sustentabilidade.

No setor automotivo, a empresa Tesla Motors é um exemplo de sucesso na superação da resistência à mudança. Enquanto a maioria das montadoras de automóveis estava focada nos veículos movidos a combustão, a Tesla apostou na tecnologia dos carros elétricos. Elon Musk, CEO da Tesla, enfrentou desafios significativos, como a falta de infraestrutura de carregamento e o ceticismo em relação aos carros elétricos. No entanto, sua visão audaciosa e o compromisso com a sustentabilidade levaram ao desenvolvimento de veículos elétricos de alto desempenho e a uma revolução na indústria automotiva.

Reinventar-se como líder.

Além de empresas, há executivos que também enfrentaram desafios e superaram a resistência à mudança em suas carreiras. Um exemplo é Satya Nadella, CEO da Microsoft. Ao assumir o cargo, Nadella percebeu a necessidade de uma transformação cultural na empresa, que estava passando por dificuldades para se adaptar às mudanças tecnológicas e ao mercado. Ele promoveu uma cultura de colaboração, inovação e aprendizado contínuo, levando a Microsoft a se reinventar como líder no setor de computação em nuvem e a alcançar resultados financeiros impressionantes.

Algo novo pode abrir caminho para o sucesso.

Esses exemplos ilustram como empresas e executivos bem-sucedidos abraçaram a mudança e colheram os frutos dessa transformação.

Eles enfrentaram a resistência à mudança, adotaram uma mentalidade de crescimento e agiram com coragem e determinação para alcançar resultados excepcionais. Essas histórias inspiradoras mostram que superar o desafio de abandonar algo velho e aprender algo novo pode abrir caminho para o sucesso duradouro e a liderança inovadora.

JÁ INICIE PENSANDO EM 2X

Para começar, pense em como fazer o dobro para o próximo ano. Esse já será um exercício bastante interessante de aquecimento quando o assunto é mudança. Ele permitirá que seus pensamentos se expandam um pouco em relação a quando simplesmente pensamos em fazer mais ou mais rápido. Esse comportamento irá forçar você a expandir sua mente e, quem sabe, atingir um novo primeiro patamar de consciência.

Encare isso como apenas um teste inicial da nossa jornada. Quero que coloque à prova sua capacidade de pensar de maneira mais exponencial. Por exemplo, responda a seguintes questões: de que maneira podemos atender o dobro de clientes sem perder qualidade? Conseguiremos fazê-lo na metade do tempo? Como gastar metade do que gastamos hoje?

Pode parecer ambicioso, mas se não pensarmos em alcançar pelo menos o dobro em termos de qualidade, eficiência ou economia, enfrentaremos dificuldades logo ali, no próximo ano. Isso não significa que melhorar em 10% não seja importante – qualquer progresso é relevante. Contudo, pensar em termos de escala pode nos conduzir a soluções completamente novas em comparação com o pensamento incremental de 10%. Vamos aprofundar esse tópico em um capítulo exclusivo sobre o conceito de *Moonshot Thinking* e seu impacto no *pensamento 10x*.

No entanto, alcançar esses objetivos não é uma jornada simples. Não podemos nos iludir, pensando que, ao decidir fazer mudanças, elas simplesmente acontecerão. O caminho para realizar as transformações necessárias é longo e repleto de desafios, com cada etapa tendo sua própria importância e significado.

Além disso, é fundamental abordar o medo que frequentemente surge quando se implementam mudanças. Fornecer suporte, comunicar de maneira clara e envolver os colaboradores durante os períodos de mudança pode ser a chave para o sucesso.

Um estudo importante sobre mudança organizacional, realizado pela empresa de consultoria em gestão Bain & Company, revelou que aproximadamente 65% das novas iniciativas requerem mudanças comportamentais significativas por parte da equipe da linha de frente.

Em outras palavras, o desafio não consiste apenas em mudar a maneira como pensamos individualmente, mas também em liderar essa mudança junto com toda a equipe. Em resumo, além de enfrentarmos o desafio de mudar nossa mentalidade, uma missão ainda maior será liderar nossa equipe nesse processo de transformação. Teremos de liderar não apenas a nós mesmos, mas também nosso time nessa jornada de mudança.

A GESTÃO CONVENCIONAL DE PESSOAS *VERSUS* UMA GESTÃO EXPONENCIAL

Quando se trata de gestão de pessoas, muitas vezes adotamos uma abordagem linear, previsível e sem grandes impactos de mudança. Geralmente, seguimos um processo como este:

1. Avaliamos os resultados obtidos até o momento;
2. Se os resultados estão de acordo com nossas expectativas, mantemos o curso atual;
3. Se os resultados não atendem às expectativas, solicitamos planos de ação corretiva;
4. Se os planos de ação corretiva têm êxito, seguimos o curso;
5. Se os planos de ação não são bem-sucedidos, intensificamos a pressão por resultados e pedimos mais planos de ações;
6. Se a pressão adicional não gera os resultados desejados, consideramos a substituição do colaborador;
7. Damos *feedback* ao colaborador, dizendo que a meta não está sendo atingida e que, se continuar assim, ficará difícil mantê-lo na equipe;

8. Colaborador entra na *zona de ansiedade*, o que, em geral, restringe a criatividade, como explicaremos mais adiante. Sem alternativas, ele continua trabalhando, muitas vezes com mais intensidade do que antes, porém continuando a fazer tudo da mesma forma – ou seja, mais do mesmo;
9. Se porventura os resultados simplesmente mudarem, de repente, mantemos o colaborador;
10. Se os resultados não mudarem, desligamos o colaborador e o ciclo continua exatamente da mesma forma.

Essa abordagem não é necessariamente boa ou ruim. Mas por que, às vezes, não funciona como esperado? A resposta pode estar nas próximas linhas.

Primeiro, temos frequentemente a ilusão de que estamos fazendo algo diferente quando, na realidade, acabamos fazendo mais do mesmo em cerca de 95% das vezes. Essa é uma das razões pelas quais essa métrica falha ou deixa de funcionar.

Normalmente, lidamos com o aprimoramento de desempenho ao focar em fazer mais do que já estamos fazendo. Isso pode funcionar até certo ponto, especialmente quando elementos como foco, disciplina e gerenciamento eficaz do tempo estão faltando na equipe. Esses elementos podem, em situações em que são escassos, resultar em um aumento de 10% a 20% no desempenho.

No entanto, quando buscamos melhorar o desempenho em 30%, 40% ou 50%, a menos que a equipe esteja realizando um trabalho muito abaixo do seu potencial, o foco e a disciplina não serão mais suficientes. Para alcançar um aumento de 50% nos resultados, é necessário mudar fundamentalmente a maneira como fazemos as coisas, nosso comportamento e nossas ações. É aí que entra a verdadeira liderança 10X.

Infelizmente, muitas vezes os líderes pioram a situação, aumentando a pressão externa e não dando tempo para que novas abordagens se desenvolvam. Eles acreditam que isso representaria uma perda de objetividade, mas, na verdade, envolve mudar o foco das ações e comportamentos. O fato é que, para obter resultados diferentes, é necessário fazer algo diferente – nas palavras de Albert Einstein: "Insanidade é continuar fazendo sempre a mesma coisa e esperar resultados diferentes". No entanto, muitas pessoas, mesmo ao elaborarem novos planos de ação, acabam fazendo tudo igual, o que é um dos principais problemas de sua estratégia.

O segundo ponto sobre por que essa métrica muitas vezes falha é que fazer coisas novas com a mesma mentalidade antiga raramente produzirá resultados diferentes. Por exemplo, se pedirmos à equipe para realizar uma ação diferente, como substituir chamadas por visitas a clientes, mas eles não estão entusiasmados com a ideia, a execução será comprometida. O sucesso de uma ação frequentemente depende da energia e do entusiasmo com que é realizada.

Portanto, a gestão de pessoas, especialmente em um ambiente de alterações rápidas, funciona melhor quando entendemos que a renovação real e sustentável começa com uma mudança de pensamento. Uma nova forma de pensar leva a novos sentimentos, que, por sua vez, levam a novos comportamentos e ações. Essa combinação cria uma força poderosa para impulsionar resultados.

Para alcançar essa mudança, é importante compreender a relação entre pensamento, sentimento e comportamento. Alterar um desses elementos pode desencadear uma transformação radical nas formas de se pensar e realizar coisas. Portanto, quando os resultados não estão satisfatórios, devemos começar olhando para cima, focando na mudança de mentalidade. Uma mudança desse tipo gera novos sentimentos e comportamentos, o quais, por fim, acabam levando a ações que produzem resultados diferentes.

APRENDA A TRABALHAR MUITAS VEZES SEM UM PLANEJAMENTO EXATO

Gostamos de planejar porque nos conforta ter uma rota, definir cada detalhe, como prazos, valores, percentuais e recursos. Isso faz com que tenhamos a "ilusão" de que, assim, as nossas chances de sucesso no curto ou no longo prazo serão na mesma proporção que a quantidade de tempo e análises que conseguimos fazer antes de começar. Não é isso?

Em uma pesquisa, envolvendo 2.496 empresas, pesquisadores britânicos descobriram que PLANEJAMENTO ESTRATÉGICO como conhecemos e PERFORMANCE organizacional, demonstraram ter pouca correlação. Embora exista uma correlação teórica entre duas variáveis, essa relação não é tão forte ou evidente na prática. Em outras palavras, a associação entre as variáveis é fraca ou não se manifesta consistentemente ao longo do tempo ou em diferentes situações.

Claro que se tivéssemos todo o tempo do mundo, todas as informações necessárias e uma vasta experiência no assunto em específico, imagino que um excelente plano de ação poderia fazer maravilhas. Contudo, conversando com centenas de CEOs e acompanhando centenas de organizações, não é isso o que eu tenho visto acontecer.

Como planejar o desconhecido?

Frequentemente, somos cobrados por tal proeza. Porém, colocar no planejamento inúmeros dados, estatísticas, comparativos, planilhas, engenharia reversa, média dos últimos anos e crescimento de mercado, entre outros itens, pode acabar sendo apenas uma forma de querer "legitimar" o plano e mostrar o quanto você trabalhou duro, estando agora extremamente preparado para agir e trazer os resultados propostos.

Para ajudá-lo, vou propor a seguinte pergunta: entre precisão ou velocidade, o que você escolheria? Sua resposta certamente será "depende", não é mesmo?

Aplicando a teoria do *trade-off* (troca, em inglês) a esse exemplo, a necessidade de termos de fazer uma escolha nos parece inevitável, porque vemos precisão e velocidade em posições opostas – por exemplo, quando precisamos abordar situações mais críticas, como um planejamento orçamentário, tenderemos a buscar precisão em detrimento da velocidade. Ou estou enganado?

O perigo mora justamente em acreditar nessa oposição. Nem sempre mais planejamento é igual a mais performance. Claro que, em alguns casos, será preciso mais planejamento, e em outros, menos. No geral, todavia, planeja-se muito mais do que o necessário, perdendo-se, com isso, tempo.

Somos seduzidos pelo excesso de planejamento, não só para aquilo que já conseguimos prever, mas principalmente para aquilo que NÃO conseguimos. Tentaremos exaustivamente criar cenários de todos os tipos e variações, e lá se vai um desperdício de tempo sem tamanho. E por quê? Porque usualmente esses cenários nunca são como os concebemos.

Kathy Eisenhardt, professora doutora da Universidade de Stanford, realizou uma pesquisa profunda com oito empresas de *software* a fim de analisar esse comportamento – como os executivos agiam frente a esse *trade-off* entre rapidez de resposta e planejamento detalhado, e se isso fazia alguma diferença. Ela descobriu, após muito tempo de análise, que os executivos que tomavam decisões mais rapidamente eram os que obtinham os melhores resultados. Por mais estranho que pareça, eram os que trabalhavam com um volume maior de informações e de alternativas, enquanto com os mais lentos (e talvez, coincidentemente, com menor performance) acontecia justamente o oposto: trabalhavam com menos informações e uma quantidade menor de alternativas.

Sei que agora o texto, aparentemente, ficou confuso, não é mesmo? Vou explicar! A questão não é ter mais ou menos informação, mas a qualidade da informação *versus* a tomada de decisões assertivas. Os executivos de ação rápida trabalhavam com informações e dados em tempo real sobre as suas operações, os seus clientes e concorrentes, enquanto as equipes mais lentas gastavam muito tempo e energia imaginando possíveis cenários futuros difíceis – para não dizer, impossíveis – de se prever.

Posteriormente, quando comparados os resultados das empresas, aquelas que tinham uma equipe executiva mais veloz haviam obtido resultados melhores e mais consistentes em termos de volume e margem de vendas, assim como em custos operacionais, o que se traduziu em uma lucratividade maior para os acionistas.

Em resumo, os executivos com maior desempenho relatados na pesquisa permanecem no presente e procuram se adaptar rapidamente. Atuam com planejamentos rápidos, aprendem de forma ágil e mudam mais rapidamente ainda. Por isso, em momentos turbulentos, em que a regra do jogo muda todos os dias, faça isso também! Mude a cada dia, se necessário. Posso afirmar que será menos arriscado do que se você não mudar!

Daqui para frente, não existirá alta performance de verdade, se não houver mudanças de verdade.

E então, está disposto a se arriscar a mudar? Se a sua resposta for sim, você já está à frente de 99% dos seus concorrentes. Então, vamos avançar para os próximos níveis.

CONCLUSÃO:

O desafio da liderança agora vai além de metas e resultados. Os líderes atuais terão de mudar o caminho, a forma e a maneira de fazer seu trabalho várias vezes em um curto espaço de tempo, ao mesmo tempo que devem convencer seus times a fazer parte desse movimento, o que não será uma tarefa fácil. Eles terão de lidar com as próprias crenças e medos e fazer o mesmo com os das equipes. Criar um ambiente propício e saber ajudar as pessoas a mudar serão as novas habilidades que os líderes terão de dominar nesta nova era se quiserem continuar obtendo resultados.

Atividade proposta

Antes de discutirmos em detalhes o *framework* para gerar essas mudanças, é crucial avaliar melhor sua relação atual com o tema mudança, e como o seu time está inserido nela. Para isso, responda as seguintes perguntas:

1. Será que o meu time confia em mim o suficiente para me seguir, sem hesitar, em um processo de mudança rápida?
2. Será que sou um bom exemplo a ser seguido quando o assunto é mudança?

3. Estou disposto(a) a sair primeiro da minha *zona de segurança* e mostrar aos outros como abraçar novas ideias e práticas?

4. Meu time está suficientemente treinado para enfrentar um processo de rápidas transformações?

5. Temos investido em desenvolvimento de habilidades e capacidades necessárias para nos adaptar mais facilmente às alterações frequentes?

6. Minha equipe me vê como uma pessoa aberta, que de fato ouve e considera opiniões e sugestões para mudança?

7. Eu envolvo o meu time no processo de adaptação, na troca de itinerários e na tomada de decisões de forma democrática?

8. Estou promovendo de fato uma cultura de aprendizado, autonomia e experimentação com o grupo?

9. Possuo ferramentas, metodologia e rituais consistentes para implantar uma cultura voltada ao aprendizado, a autonomia e a experimentação?

10. Estou valorizando e reconhecendo o protagonismo e as contribuições individuais e coletivas voltadas à mudança?[1]

Essas perguntas ajudarão você a fazer uma reflexão inicial sobre seu papel, identificando assim as primeiras melhorias em relação à sua liderança, sua comunicação, sua confiança e o desenvolvimento de sua equipe durante essa jornada.

A seguir, apresento uma classificação geral com base nas respostas.

Se você teve oito ou mais respostas "sim", com total certeza e sinceridade, posso lhe dar os parabéns. Você está no caminho certo! Sua abordagem em relação à mudança já é positiva. Continue fortalecendo esses pontos positivos, ajustes os pontos restantes e, com um processo mais

1 Recomendo que passe esse mesmo questionário ao seu time para ser respondido de forma anônima. Assim, poderá ouvir as respostas deles quanto a esses pontos.

estruturado e dentro da linha metodológica que iremos demonstrar, seus resultados poderão ser surpreendentes daqui para frente.

Se você teve sete respostas com "sim", está fazendo um bom trabalho. Digamos até "ok". Mas entenda que esse "ok" não é exatamente um elogio. É importante saber que, provavelmente, você tem feito o suficiente para a manutenção do processo de mudança. Um, dois ou até três pontos em que respondeu com "não" ou "às vezes" podem fazer muita diferença nos seus resultados. Esses são os aspectos que podem ter um impacto significativo na capacidade de liderar efetivamente durante processos de transformações rápidas. Concentre-se logo em melhorar essas áreas para alcançar uma base satisfatória de participação e engajamento do seu time. Esse trabalho, juntamente com a nossa metodologia, poderá trazer resultados incríveis em tempo recorde.

Agora, se você teve menos de sete respostas com "sim", é hora de refletir sobre sua abordagem e identificar áreas de melhoria rapidamente. As respostas "não" ou "às vezes" indicam oportunidades para aprimorar suas habilidades de liderança em relação a sua performance e a de seu time quando se trata de mudanças rápidas. Concentre-se em fortalecer primeiro a confiança e melhorar a comunicação como pontos-chave iniciais, e investir no desenvolvimento do time para alteração de *mindset*, além de estar aberto a diferentes perspectivas. As oportunidades de melhorar a sua performance estão no que você não faz atualmente, ou naquilo com o que você não "concorda". Afinal, continuar fazendo o mesmo provavelmente só irá trazer resultados muito similares ao que você obtém hoje. Lembre-se: para se obter um efeito diferente, muitas vezes, temos de pensar e fazer coisas diferentes, mesmo sem ter certeza do que virá. Estar aberto e demonstrar isso para o seu time fará muita diferença no processo que seguiremos.

Lembre-se de que a mudança é constante e exige uma liderança adaptável. Os líderes que não entenderem isso, cedo ou tarde, caminharão e levarão seus times para a mediocridade. Utilize essas respostas como um ponto de partida para promover sua própria transformação, tornando-se um líder ainda mais eficaz.

CAPÍTULO **02.**

APESAR DAS MUDANÇAS, TODO O NEGÓCIO GIRA EM TORNO DA **FELICIDADE**

“

Embora este livro se baseie principalmente na experiência de líderes de grandes corporações, que representam a maior parte de meus clientes e da minha experiência, ele realmente foi escrito para melhorar a vida de todas as pessoas envolvidas no processo. Meu objetivo é fornecer um contexto para uma vida significativa na qual o trabalho é parte fundamental, não apenas uma busca por recompensas financeiras.

ANDRÉ GIROTTO

LÍDERES BEM-SUCEDIDOS SE PREOCUPAM COM ALGO A MAIS DO QUE APENAS SEU SUCESSO PESSOAL E SUA CONTA BANCÁRIA.

MIHALY CSIKSZENTMIHALYI[1]

Quero iniciar nossa jornada fazendo algumas perguntas:

- Por que você trabalha?
- Por que quer dar conforto para sua família?
- Por que quer ter mais segurança financeira?
- Por que quer ganhar mais?

Talvez eu devesse mudar a pergunta de "por quê?" para "para quê?".

Apesar de as respostas parecerem às vezes que andam em círculos, é provável que todas, cedo ou tarde, cheguem ao mesmo lugar: "ser feliz". Ou não?

Para muitos filósofos, o propósito da vida é ser feliz, e buscamos isso constantemente. Se algo me faz feliz, procuro mais daquilo; se algo não me deixa feliz, tento me afastar. Quando não podemos escolher, corremos o risco de viver uma vida infeliz.

E eu pergunto: Valeria a pena viver uma vida que não lhe faz feliz? Ter um trabalho que não lhe satisfaz? Conviver com pessoas que não lhe trazem alegria? Fazer coisas que não lhe dão prazer?

Imagine agora essa situação no trabalho, onde se passa normalmente oito, nove horas. Será que pessoas infelizes estariam realmente dispostas a fazer o seu melhor? Dispostas a se engajar verdadeiramente? Será que teríamos um ambiente propício para a criatividade, a inovação e a colaboração?

Pois é. Pode parecer duro, impiedoso, mas milhares de pessoas vivem assim e não fazem a menor ideia de como mudar isso. Muitos já aceitaram, enquanto outros relutam em aceitar essa situação.

---

1 Mihaly Csikszentmihalyi (1934-2021) foi um psicólogo húngaro que se tornou famoso pela teoria de *flow* (fluxo), um estado mental no qual estamos extremamente focados.

De qualquer forma, o fato é que é, sim, possível mudar esse cenário na maioria das vezes, e eu quero lhe mostrar como.

Embora aqui também treinemos líderes para que gerem lucro e adotem práticas diversas que os levem a obter resultados exponenciais por meio da inovação, isso não é tudo. Existem outras responsabilidades que sua nova liderança deve assumir se quiser virar o jogo.

Então, vamos lá. Os líderes que buscam obter resultados acima do normal devem contribuir para a autoestima, o bem-estar e, se possível, para o aumento da felicidade relacionada a realizações, conquistas e crescimento de seu time.

Embora esses objetivos possam parecer ambiciosos demais e, por vezes, fora do âmbito das preocupações empresariais tradicionais, a forma como ganhamos a vida, nossos cargos e a maneira como recompensamos o trabalho desempenham um papel crucial em moldar nossos sentimentos e nosso "estado de espírito". Eles podem torná-los empolgantes e gratificantes, ou trazer ansiedade e medo. Portanto, é incumbência de um líder 10X considerar essas questões, caso queira obter resultados diferentes.

ORGANIZAÇÕES QUE PROMOVEM A FELICIDADE COMO ESTRATÉGIA PARA A PERFORMANCE

O mercado e as empresas têm, cada vez mais, valorizado a questão da felicidade como estratégia de negócio. É claro que sempre haverá executivos obstinadamente ambiciosos, individualistas e preocupados apenas em chegar ao topo. Mas será que tal comportamento é realmente o tipo de liderança que desejamos em nossa vida, e que queremos ser para os outros? Qual escolha você considera a melhor para você?

Recentemente, um grupo de gurus e pseudolíderes emergiu nas redes sociais, prometendo tornar nossa vida mais prósperas, confortáveis e emocionantes, criando uma falsa sensação do que é felicidade. Não há como negar que esse cenário é atrativo, principalmente para uma legião desesperada e com problemas homéricos de autoestima – um mal que sempre assolou a humanidade, e existem oportunistas que sabem utilizar as fraquezas dos outros a seu favor e acabam enriquecendo às custas desse desespero.

Esses oportunistas expõem "riquezas e luxos" nas redes sociais, criando uma ilusão de vida hollywoodiana. Um retrato disso é a série da Amazon Prime Video *American Gods*, que trata de como os deuses antigos lutam para manter seus seguidores em um mundo dominado pelos superinfluenciadores na internet, que prometem riqueza e uma vida próspera.

Mas por que tudo isso? A razão é que ainda existe uma confusão e uma relação complexa entre riqueza e felicidade, agravada por uma nova epidemia de falta de autoestima generalizada. Essa falta de autoestima é caracterizada por uma visão negativa de si mesmo, baixa autoconfiança e autovalorização, e seus motivos podem incluir insegurança, comparação constante com os outros e medo do fracasso, sendo também um fator de risco para depressão e ansiedade.

A baixa autoestima afeta os relacionamentos e o bem-estar emocional das pessoas, o que torna muito importante que aqueles que sofram dessa condição busquem apoio no sentido de desenvolverem uma visão mais positiva de si mesmos.

Relacionar felicidade à riqueza não é o caminho.

Não estou dizendo que é ruim ter riqueza. Apenas enfatizo que é fundamental distinguir entre riqueza e felicidade, tendo cada uma seu lugar e significado na vida.

Porém, apenas relacionar felicidade à riqueza não é o caminho. Quando analisamos essa felicidade com base em fontes matemáticas comparativas, percebemos que, em países onde há muita desigualdade social, esse índice de felicidade é menor em comparação com países onde o padrão de vida é mais equilibrado, independentemente de serem ricos ou pobres. Ou seja, quanto mais desigual, menor a felicidade.

No segundo semestre de 2016, a agência britânica New Economics Foundation realizou um estudo que calculava o grau de "felicidade" de 140 nações. Chamado de Happy Planet Index 2016, o estudo trouxe resultados surpreendentes, pois muitos dos países mais bem classificados estão fora do grupo dos mais ricos do mundo em termos econômicos, e também não representam grandes potências políticas.

De acordo com esse estudo, um dos líderes em termos de felicidade global é o Vietnã. Ao pensarmos nesse país, é difícil que a primeira coisa que venha à mente não seja a terrível guerra que o devastou entre as décadas de 1950 e 1970. No entanto, o Vietnã soube se recuperar – apesar das consequências e memórias da guerra – e hoje é um país alegre e cheio de atrativos, sendo classificado como o quinto país mais "feliz" do mundo.

Felicidade autêntica está relacionada a outros fatores.

Desde 2012, a ONU, juntamente com a Sustainable Development Solutions Network e o Gallup World Poll, publica anualmente o *World Happiness Report* [Relatório anual de felicidade].[2] A Finlândia tem sido a primeira colocada na lista desde 2018 como país mais feliz do mundo. Contudo, isso não se deveu à sua economia, mas sim à confiança da população nos sistemas nacionais e ao equilíbrio entre vida profissional e pessoal.

Com esses exemplos, quero destacar que a chamada "felicidade autêntica" está relacionada a muitos outros fatores além da posse de uma condição financeira confortável e estável.

Então, se a sua única preocupação for obter lucro e ascensão social, e acredita que a sua equipe e as pessoas à sua volta também busquem somente isso, tudo bem. Deixo claro apenas que esse não é o caminho exato para a felicidade.

No entanto, se você deseja se conectar a um propósito ainda maior, que dê mais sentido à sua vida e que ofereça esperança às pessoas por meio do próprio potencial e autoestima, as próximas linhas poderão ajudar bastante.

Processos gerenciais e técnicas de gestão são coisas, até certo ponto, simples e fáceis de ensinar – é possível fazê-lo em um dia. Mas isso não constrói verdadeiros líderes. Líderes devem saber mais do que gerenciar pessoas e processos, precisam ser agentes de mudança,

2 Os relatórios podem ser acessado em: https://worldhappiness.report/.

provocando transformação nas pessoas e nos ambientes onde estiverem. Isso vai muito além de processos gerenciais.

Muitos filósofos ao longo do tempo afirmaram que a felicidade é o objetivo último da nossa existência. Em *Ética a Nicômaco*, Aristóteles a chamou de o "bem supremo" – embora desejemos outros bens, como dinheiro ou poder, porque acreditamos que eles nos farão felizes, queremos a felicidade pelo que ela é em si mesma.

No entanto, apesar de séculos de debate, as questões sobre o que a felicidade realmente é, e se ela de fato existe, ainda não foram resolvidas. Talvez seja simplesmente o nome que damos a um estado inatingível, no qual nada mais resta a ser desejado. A um momento que vale por ele mesmo. Um momento que vale a pena ser vivido.

Embora um estado de felicidade perfeita possa ser uma ilusão, todos reconhecemos que estamos relativamente mais satisfeitos, contentes e alegres em alguns momentos em comparação a outros.

Dinheiro adicional não parece trazer benefício algum.

A questão é: o que realmente nos leva à felicidade? Os pensadores do passado perceberam há muito tempo que não há um único caminho para ela. O que traz alegria a uma pessoa pode deixar outra indiferente. Também os psicólogos reuniram coragem para abordar esse antigo e desconcertante enigma, obtendo alguns resultados inesperados. Por exemplo, contrariamente à sabedoria comum, dinheiro e bens materiais não parecem aumentar a felicidade acima de um limite mínimo. Em outras palavras, se você é muito pobre, ter mais dinheiro o torna mais feliz; se, por outro lado, você já está razoavelmente "bem", dinheiro adicional não parece trazer nenhuma felicidade adicional.

Outros estudos revelam que pessoas que passam por tragédias, como ficar cegas ou paralisadas, sentem-se terríveis por alguns meses, mas recuperam seu nível usual de felicidade logo depois. O oposto é verdadeiro para aqueles que encontram riqueza inesperada: os vencedores da Mega-Sena são mais felizes por alguns meses, depois voltam ao seu estado anterior, ou até mesmo ficam abaixo dele.

Relacionamentos sólidos, como um casamento estável e amigos próximos, também estão correlacionados com a felicidade, assim como fazer parte de uma comunidade. Ter um temperamento extrovertido e otimista também ajuda.

Todos nós nascemos com um conjunto de aptidões, a maioria das quais sequer temos consciência de possuir. Para alguns, o mais alto nível de felicidade é a capacidade de expressar toda a nossa potencialidade. É como se a evolução tivesse construído um dispositivo de segurança em nosso sistema nervoso que nos permite experimentar plena felicidade apenas quando estamos vivendo a 100% – quando estamos usando totalmente o equipamento físico e mental que nos foi dado. Esse mecanismo garantiria que, depois que todas as nossas outras necessidades básicas fossem atendidas, buscaríamos usar o conjunto completo de nossos talentos, tornando assim possível não apenas entregar o desempenho esperado, mas também inovar e crescer além dos "limites" criados.

Nesse sentido, ter um emprego que você goste e no qual possa evoluir pode ser umas das coisas mais cruciais quando o assunto é felicidade. Além disso, passamos mais da metade da nossa vida útil trabalhando. Na verdade, se considerarmos o tempo diário de oito horas de sono, mais oito horas de trabalho, e descontarmos do tempo restante o que gastamos com higiene pessoal, nos alimentando e no transporte, sobram apenas algumas poucas horas para ficarmos com a família e os amigos, ou para nos dedicarmos a outras formas de lazer, por exemplo. Portanto, pode-se dizer que o trabalho representaria mais de 70% do tempo útil disponível diariamente. Por isso ele também é tão representativo na conta.

COMO CONECTAR FELICIDADE AO TRABALHO, SEM PERDER DE VISTA OS RESULTADOS CORPORATIVOS?

Pode parecer contraditório dizer que felicidade e trabalho têm alguma relação, já que para a maioria das pessoas o emprego é, na melhor das hipóteses, um "mal necessário" e, na pior, um fardo. No entanto, os dois estão inegavelmente ligados.

Lembremos as primeiras negociações comerciais, em que as comunidades trocavam entre si o excedente de sua produção por algo que necessitavam. Pode-se dizer que esse tipo de negociação existia para melhorar a vida e subsistência das pessoas. Embora essa ideia pareça um pouco esquecida entre tantas operações financeiras, o fato é que a produção e a troca de bens só fazem sentido se entendermos que elas melhorarão a qualidade da nossa vida.

Essa lógica está por trás do desejo dos consumidores quando procuram por produtos e serviços: os clientes estão dispostos a pagar por eles quando acreditam que os tornarão felizes. Simples assim. Portanto, se uma empresa souber fazer seus clientes se sentirem mais contentes com seus produtos ou serviços, será mais bem-sucedida.

Acontece que só é possível prestar um bom serviço ou oferecer um bom produto se o ambiente de trabalho refletir esse bem-estar. Portanto, um negócio só continuará bem-sucedido se contribuir para a felicidade dos clientes internos, seus funcionários e colaboradores. Para tanto, é preciso que as pessoas tenham uma sensação de pertencimento, o que elevará a autoestima e até mesmo proporcionará uma sensação de autorrealização. E este será o papel de um bom líder.

Estimular a participação e conexão das pessoas com o meio e permitir que a autoestima delas seja elevada é algo que pode ser feito com qualquer um. Não importa posição, função, formação, tamanho ou segmento da empresa.

Lembro-me de estar em Goiânia conversando com uma gerente de RH de uma empresa de médio porte. Estávamos na recepção e eu explicava exatamente esse ponto, que transcende a liderança convencional, indo além do processo de delegação e *feedback*: estimular a participação e elevar a autoestima. Nesse momento, a recepcionista fez uma pergunta relacionada a alguma atribuição para a gerente. Logo percebi que ela "respondia" para a gerente de RH – ou seja, era esta quem a liderava. Foi então que sugeri que a gerente fizesse o seguinte exercício:

"Vá até a recepcionista e diga que está sentindo falta de alguma coisa na recepção, mas não sabe ao certo o que seria. Fale que você gostaria que ela pensasse em ideias para dar um *up* na recepção – para ficar mais amigável, mais convidativa, por exemplo –, afinal de contas, aquele espaço é o primeiro contato que um cliente tem com a empresa, e a primeira impressão é a que fica. Conte, então, que você terá várias reuniões e não conseguirá ajudá-la, mas que confia nela para pensar em alguma coisa."

Mesmo sem entender muito bem, a gerente fez exatamente o que eu sugeri. Nesse dia, eu também teria uma reunião com um dos diretores e pedi para ficar na recepção aguardando a chegada dele. O que presenciei foi bem interessante. Quando a gerente saiu, a recepcionista quase entrou em pânico – afinal, acredito eu, nunca alguém lhe confiara uma tarefa tão desafiante. Percebi seu terrível medo de fracassar. Ela estava tão confortável com suas pequenas tarefas rotineiras e, de repente, isso? Ter ideias? Fico imaginando o turbilhão de pensamentos na cabeça da recepcionista: "E agora? Se eu não conseguir pensar em nada, serei demitida? E se minha ideia for considerada ridícula ou muito ruim? O que será de mim?"

Após alguns minutos, uma outra colaboradora da empesa – coordenadora de uma área interna – entrou e, percebendo a expressão de preocupação e desconforto da recepcionista, que também havia se tornado sua amiga, perguntou: "Está tudo bem? Estou vendo sua cara de aflita. Aconteceu alguma coisa?" A recepcionista, sem delongas, explicou exatamente o que havia acontecido. A amiga, então, disse: "Espere aqui só um minuto. Vou guardar as minhas coisas e já volto para te ajudar".

Um tempo depois, a coordenadora voltou e falou: "Não precisa se preocupar. Vou te ajudar a pensar em coisas bem legais para a recepção". Ambas começaram a discutir ideias, pesquisar na internet e ligar para potenciais fornecedores.

Para minha "sorte", o diretor se atrasou naquele dia e tive a oportunidade de assistir a todo o "desfecho", por assim dizer, e, ao final de quinze ou vinte minutos, as amigas estavam já empolgadas e cheias de ideias. Porém, havia uma ideia que a recepcionista estava muito inclinada a não revelar para a sua líder, mas que, por coincidência, era exatamente a que a amiga coordenadora achara a mais incrível. Foi então que a gerente de RH voltou à recepção para me avisar que o diretor iria se atrasar e que eu poderia aguardá-lo na sala de reuniões. Em seguida, pediu licença e ia se retirando quando a coordenadora disse que a recepcionista tivera uma ideia muito boa, que valia a pena ser ouvida. Curiosa, a gerente perguntou: "Que ideia é essa? Estou curiosa para saber".

A recepcionista iniciou falando de algumas ideias, porém, estava um pouco relutante. Por fim, sob a insistência da gerente, revelou o que seria a cereja do bolo: "A minha mãe faz artesanato. Na verdade, ela faz arranjos com pipoca. Ela estoura as pipocas, cola uma na outra fazendo o formato que desejar e, depois, pinta tudo, deixando com o aspecto imitando pedra, madeira, terra... o que quiser. A minha ideia, além destas que falei, seria minha mãe fazer a logomarca da nossa empresa bem grande para a gente colocar aqui na parede da recepção". E completou: "Eu sei que é uma ideia idiota e que a empresa não iria aprovar. Acho melhor esquecer...".

A gerente, um pouco sem jeito, perguntou se ela tinha alguma foto do trabalho da mãe. Prontamente, a recepcionista abriu o celular e começou a mostrar alguns trabalhos, deixando a gerente impressionada, sem acreditar que aquilo era de fato feito de pipoca. Parecia realmente algo feito de algum material mais sólido, como gesso ou cimento. Ao final, a gerente não só aprovou as sugestões de reorganização da recepção, como também que o arranjo de pipoca fosse feito.

No dia seguinte, estava eu lá novamente – dessa vez para ministrar um treinamento que aconteceria nos dois dias subsequente para os líderes daquela empresa –, e a cena foi impressionante. Havia fila para tirar foto junto à "logomarca" da empresa (e não é que parecia feita de pedra). Os colaboradores queriam tocar, saber o que era, como tinha sido feito, e foi o dia de maior engajamento em redes sociais que a empresa tivera em toda a sua história, tudo conseguido de forma orgânica. Não preciso nem dizer sobre a expressão da recepcionista vendo as pessoas a elogiando e parabenizando pela ideia.

Porém isso não é tudo. Podemos ter a sensação de que eventos assim devem ser isolados e não causam efeito algum maior do que aquele momentâneo – o que já seria extremamente satisfatório em relação a não ter nada. Contudo, aquilo, de algum jeito, ativou algo dentro daquela até então "simples" recepcionista.

No dia seguinte, quando retornei à empresa para o segundo dia de treinamento, enquanto aguardava a minha liberação, vi uma nova cena que me chamou muito a atenção. Era comum que os executivos comerciais, ao chegar à empresa, como de costume, fizessem um *pit stop* na recepção, onde retornavam ligações para clientes, tomavam café e redigiam alguns *e-mails*, entre outras coisas. Às vezes, chegava a ter cinco ou seis executivos de vendas ali, "trabalhando" na recepção (diziam ser mais tranquilo que na sala comercial, além de não ter o chefe "em cima" olhando).

Mas esse dia foi diferente. Quando o primeiro executivo comercial apoiou a sua mochila na mesa da recepção, levou logo uma bronca, dizendo: "Não, não, não! Fiquei ontem o dia todo arrumando essa recepção para receber bem nossos clientes, e vocês ficam aqui tumultuando. Podem pegar as coisas e irem já para as suas salas. Não quero ninguém aqui na minha recepção atrapalhando".

Com olhares espantados, dois ou três executivos que ali estavam pegaram suas coisas sem falar nada e, ao entrar rumo à sala comercial, um deles foi tomar um café e ainda ouviu: "Esse café é para clientes, o de vocês está lá dentro, 'chispa' daqui". Mais do que rápido, correram dali.

Aquele dia, ela colocou ordem na recepção. Nem mesmo o diretor foi poupado. Quando chegou para me receber, me ofereceu um café enquanto dizia para os demais: "Vocês têm café lá dentro, este é para os nossos clientes. Obrigada".

Quando entramos, ao encontrarmos com a gerente de RH, o diretor perguntou a ela: "Nossa, o que aconteceu com a ela?", referindo-se à recepcionista. "Por quê? Ela fez alguma coisa que não devia?", questionou a gerente. "Muito pelo contrário! Estou gostando de ver. Ela, agora, realmente se empoderou da recepção, que é o papel dela. Antes tivéssemos mais pessoas assim, que se empoderam de seus papéis", disse o diretor. E completou: "Inclusive, acho que ela deveria ser cogitada para alguma função com mais atribuições e responsabilidades. Acho que é um talento a ser explorado".

Essa história teve o nome da empresa e seus personagens ocultados obviamente para não expor as partes envolvidas. Contudo, meu intuito é compartilhar algo que eu vivenciei e que, a princípio, pode parecer muito simples, mas não é de forma alguma simplista, superficial. Essa história demonstra o poder de estimular a participação e conexão das pessoas com o meio em que trabalham, permitindo com isso que elas elevem sua autoestima.

Será que a recepcionista se sentiu feliz por ter podido propor ideias que posteriormente foram aceitas – não importa se parcial ou totalmente – ou mesmo consideradas? Será que se sentiu feliz em ter conseguido *feedback* positivo daqueles à sua volta pelas ações executadas? Será que se alegrou ao saber posteriormente que foi elogiada pelo diretor e cogitada para um cargo com mais responsabilidades?

Ao longo desse processo, é normal que nossas emoções oscilem como em uma montanha-russa, alternando ansiedade, medo, empolgação e felicidade. Contudo, é importante notar como os lados positivos e negativos convivem e interagem. Quando algo nos desafia, é comum que fiquemos com medo do fracasso, ansiosos. No entanto, à medida que conseguimos fluir, começamos a ter uma sensação de êxtase, de estar fora da realidade, e de repente, sem esperar, nos inundamos de uma felicidade proveniente do nosso esforço para superação de desafios e do acreditar que somos capazes.

Por isso, quero ressaltar novamente que "bons líderes" não se limitam à geração de lucro (fundamental, é claro, e o objetivo maior a ser atingido por toda "pessoa jurídica"). Eles podem ir além, muito além. "Maus líderes" são aqueles que não veem seus clientes internos como um tipo de "cliente", para o qual eles também deveriam proporcionar felicidade – como se faz com os externos, satisfeitos por nossos produtos e serviços, bem como pela excelência da experiência que proporcionamos. Por outro lado, os líderes mais bem preparados enxergam que a felicidade de seu time e dos demais colegas de empresa é tão importante quanto a daqueles para os quais eles vendem produtos e serviços.

OS DOIS PILARES DA FELICIDADE

Para atingir os objetivos que acabei de descrever, quero reforçar e destacar os dois Pilares da Felicidade.

O primeiro pilar é alguém poder cumprir totalmente seu potencial na função que desempenha. Esse estado pode ser alcançado facilmente se entendermos como dois processos funcionam:

- O processo de **diferenciação** envolve percebermos que somos indivíduos únicos, responsáveis por nossa própria sobrevivência e bem-estar, dispostos a desenvolver essa singularidade onde quer que ela nos leve, enquanto desfrutamos da expressão de nosso ser em ação;
- Já o processo de **integração** envolve a percepção de que, por mais únicos que sejamos, também estamos completamente envolvidos em redes de relacionamentos com outros seres humanos, com símbolos culturais e artefatos, bem como com o ambiente a nossa volta.

Pode-se dizer que uma pessoa que está totalmente diferenciada e integrada torna-se um indivíduo completo – e, por consequência, aquele que tem a melhor chance de levar uma vida feliz, vital e significativa.

Contudo, a felicidade não simplesmente acontece. Pelo contrário, é algo que nós mesmo fazemos acontecer, resultado de nosso esforço máximo nesse sentido. Sentir-se realizado quando alcançamos nosso potencial é o que motiva a diferenciação e leva à evolução.

A experiência da felicidade em ação é o resultado de nossos esforços e realizações. Às vezes, é necessária muita dedicação, e o mais importante é que quanto maior o desejo e maior o empenho, maior se torna a recompensa.

Um alpinista, por exemplo, pode estar próximo de congelar, completamente exausto e em perigo de cair em uma fenda sem fundo, mas, mesmo assim, provavelmente não desejaria estar em nenhum outro lugar naquele momento, porque simplesmente nada se compararia à sensação de conquista que experimenta ao chegar ao cume de uma montanha.

Muitos atletas profissionais abdicam de uma vida rotineira para treinarem até a exaustão, sonhando com uma medalha de ouro – e fazem isso, dia após dia, durante meses, anos ou até décadas, acumulando muitas vezes mais derrotas que vitórias, sem perder o entusiasmo, a resiliência e o foco em seus objetivos.

Pois esse entusiasmo pelo trabalho é quase que universalmente encontrado entre os líderes de negócio mais bem-sucedidos. Isso nos leva a examinar mais profundamente a questão: o que realmente significa desfrutar algo?

Quando estamos por completo com um propósito claro, que realmente nos desafia a sermos melhores do que já somos e exige que estejamos presentes de corpo e alma, plenos, focados, sem medo de fazer o próximo movimento, convictos do que deve ser feito, pouco a pouco percebemos o quão bem estamos realizando nosso trabalho. É então que sentimos a sensação de conexão, de plenitude, em que as coisas simplesmente fluem; na qual o pensamento e a ação se tornam um só. Não há mais distanciamento, não há mais deliberação, não há mais percepção do tempo ou do espaço. Não existe fome, sono ou dúvidas. Apenas você conectado em algo.

Quando atingimos essa condição tão ideal, nosso potencial total é simplesmente liberado, sem interrupções. Nesse momento, entra em cena o segundo Pilar da Felicidade, um estado que os estudiosos apelidaram de *flow* (fluxo, em português). Ele descreve a maestria máxima que alguém pode atingir. O ápice do ápice. Quando isso acontece, a sensação é praticamente impossível de ser descrita em palavras.

As próprias pessoas que entram neste "fluxo" não conseguem elas mesmas explicar o que aconteceu. A sensação do eu desaparece. Quem desfruta um momento desses, muitas vezes, o relata como: "Não sei explicar, não pensei na hora, simplesmente fluiu daquele jeito". (Esse, por exemplo, foi o relato do brasileiro, bicampeão de surfe que conquistou o título mundial de 2023, realizando uma manobra surreal, jamais executada daquela forma em uma onda como aquela.) Reparem na frase: "Não pensei, simplesmente fluiu daquele jeito". Outro brasileiro, Gustavo Kuerten, após ganhar o título de Roland Garros, disse, ao receber o troféu, que ele estava em um dia inspirado, e completou: "Tudo que eu queria fazer, eu simplesmente fazia, sem pensar".

Na verdade, não é que não estamos pensando, mas que estamos conectados, concentrados, focados, confiantes, e isso faz toda a diferença. Esses dois casos descrevem um dos elementos básicos do estado de fluxo: não há distinção entre pensamento e ação, entre o eu e o ambiente. O importante é executar cada movimento da melhor forma possível.

Não obstante esses exemplos, o estado de fluxo não exige um contexto específico, nem deve necessariamente ser prazeroso. A atividade de fluxo mais comumente relatada envolve trabalhar com informações que já possuímos e alinhá-las de tal forma que as coisas fluam. Então, seja resolvendo um problema matemático, jogando xadrez, até mesmo dançando ou escrevendo um livro, a conexão com o presente significa tudo.

Agora, veremos quais são os pontos-chave para alguém se conectar com o estado de fluxo.

- **Objetivos claros**

  Para que uma pessoa se envolva profundamente em qualquer atividade, é essencial que ela saiba precisamente quais tarefas deve realizar, momento a momento. Por exemplo, o que envolve o alpinista não é o objetivo final de chegar ao topo da montanha, mas a tarefa imediata de fazer o próximo movimento sem cair. O verdadeiro prazer vem dos passos que se dão em direção a uma meta, não do ato de realmente atingi-la. As pessoas frequentemente perdem a oportunidade de desfrutar do que fazem porque concentram toda a atenção no resultado, em vez de saborear os passos ao longo do caminho. De onde vem o prazer de cantar: terminar a música ou produzir cada nota com precisão e paixão? É na experiência de cada nota que o cantor encontra a alegria, e não apenas no fim da música. É assim que o fluxo torna qualquer atividade gratificante e memorável.

- ***Feedback* imediato**

  É difícil para as pessoas se manterem engajadas em qualquer atividade a menos que recebam informações oportunas e "em tempo real" sobre o quão bem estão se saindo. A sensação de envolvimento total da experiência de fluxo deriva em grande parte do fato de que o que se faz importa, que tem consequências. O *feedback* pode vir do comentário de colegas ou supervisores sobre o desempenho, mas, preferivelmente, é a própria atividade que deve fornecer essa informação. Por exemplo, um alpinista não precisa se preocupar se seus movimentos são bem-sucedidos, desde que ele ainda esteja seguro pendurado na rocha e progredindo na direção certa.

- **Equilíbrio entre oportunidade e capacidade**

  É mais fácil se envolver completamente em uma tarefa se acreditarmos que ela é importante e está em nosso alcance. Se parecer estar além de nossa capacidade, tendemos a ficar ansiosos; se a tarefa for muito fácil, ficamos entediados. Em ambos os casos, a atenção se desvia do que precisa ser realizado, a pessoa ansiosa fica distraída, e a entediada, também. Portanto, o equilíbrio entre a dificuldade da tarefa e nossa capacidade de realizá-la desempenha um papel crucial na experiência de fluxo.

- **Concentração profunda**

  Quando começamos a responder a uma atividade que possui objetivos claros e fornece *feedback* imediato, é provável que nos envolvamos nela, mesmo que a atividade em si não seja muito "importante" – como um jogo, um *hobby* ou uma conversa estimulante. Quando o envolvimento acontece, nos encontramos de repente profundamente envolvidos no jogo. Não precisamos mais pensar sobre o que fazer, agimos espontaneamente, quase automaticamente, mesmo quando algum aspecto da tarefa em questão é muito difícil ou perigoso. Na vida cotidiana, à medida que passamos o dia, raramente concentramos nossa atenção em algo além de um nível muito breve e superficial. Em vez disso, somos constantemente distraídos, nossa atenção vagando de um estímulo para outro, e essa distração crônica torna difícil experimentar o prazer do fluxo.

Muitos devem estar se perguntando: "como criar um ambiente de trabalho que promova o fluxo e o crescimento pessoal?". Mais do que nunca, os atuais líderes precisam considerar esses três fatores e projetar atividades que ofereçam desafios significativos, autonomia e oportunidades de colaboração e apoio mútuo.

Todos os grandes líderes se tornaram bem-sucedidos após entenderem, consciente ou inconscientemente, que a vantagem competitiva está no coletivo. A sabedoria e o aprendizado coletivo fornecem um modelo de negócios que é benéfico tanto no sentido material quanto no emocional.

À medida que nos aproximamos do final deste capítulo, quero enfatizar que ele se baseia na realidade, demonstrando que líderes que se esforçam para criar ambientes seguros e participativos, nos quais os indivíduos possam liberar seu potencial máximo, descobrem que liderar pode ser muito mais gratificante do que a maioria de nós percebe.

Portanto, com base na experiência desses líderes e CEOs exemplares citados aqui, este livro busca resumir o que significa ser um líder exponencial, criar uma equipe de altíssimo desempenho e, ao mesmo tempo, encontrar a felicidade e realização por meio de conquistas compartilhadas.

CONCLUSÃO:

O equilíbrio entre desafio e competências, alinhado a um propósito e um ambiente que proporcione segurança, autonomia e colaboração, cria aspectos vitais de conexão do ser humano com o meio. Essa conexão faz com que nosso potencial seja de certa forma liberado com mais intensidade. Com isso, passamos a ter um ambiente muito mais criativo, inovador e propício a mudanças e resultados acima do normal. Ao somar todos esses elementos, temos uma sensação de plenitude, de conexão presente, que alguns estudiosos chamam de fluxo (*flow*, em inglês). Proporcionar isso para as pessoas também é papel de um líder.

DESAFIO DO CAPÍTULO

Atividade proposta

1. Assim como a história da recepcionista, escolha um ou dois colaboradores e peça que cada um, separadamente, traga sugestões de melhorias que julguem ser relevantes e importantes para o setor. Peça que façam pesquisas, *benchmarking* e, se possível, simulações. O importante é gerar conexão da pessoa com o ambiente em que está inserida, e que a tarefa seja relativamente desafiante, exigindo concentração e atenção acima do normal;

2. Dê aos escolhidos 24 horas;

3. Ao final, pratique sua escuta ativa. Reserve um local com poucas interrupções, não faça julgamentos e foque unicamente no propósito de realizar uma reunião para ouvir especificamente possíveis sugestões de melhorias, nada mais;

4. Avalie cada ideia com o objetivo de ajudar a implantá-las. Muitas serão apresentadas sem uma estrutura adequada, sem considerar uma série de variáveis. O seu papel é ajudar a moldar essas ideias, melhorá-las e incentivar que sejam testadas. Foque no envolvimento que as pessoas tiveram com a atividade, e não apenas no resultado que a ideia pode gerar;

5. Reconheça o esforço, mais do que a ideia. Empenho, neste momento, é mais importante que desempenho;

6. Finalmente, perceba se a atividade gerou uma sensação de bem-estar no seu colaborador, e se de alguma forma o *flow* foi acionado.

Aprender a estimular estados de *flow* nas pessoas é uma das premissa para gerar resultados exponenciais nos negócios, principalmente, em um mundo de mudanças rápidas.

CAPÍTULO **03.**

DESVENDENDE O IMPACTO DA SEGURANÇA PSCICOLÓGICA EM CENÁRIOS DE MUDANÇAS RÁPIDAS

Planejamento e desempenho como conhecemos não terão mais relação. Afinal, como planejar o desconhecido. Nesta nova era, deveremos aprender a criar nosso próprio mapa, explorando novos territórios, nos tornando mais sensíveis às mudanças para, às vezes, aprender.

ANDRÉ GIROTTO

Para avançarmos rumo à Liderança 10X, conduzindo cada atividade com maestria, vamos ver nos próximos capítulos mais alguns aspectos teóricos fundamentais para de fato alicercear nossas atividades.

Vamos falar agora especificamente de mais um ponto-chave, o qual permitirá que possamos fluir por cada etapa da nossa jornada e que será um dos alicerces da nossa ponte rumo à liderança exponencial: as organizações sem medo e o papel dos líderes quando o assunto é segurança psicológica.

Claro que eu, como uma pessoa extremamente prática e executora, gostaria de já começar dizendo como realizar cada uma das próximas atividades, ou de afirmar que bastaria apenas você executar essas ações e pronto.

Mas isso não seria estratégico, tampouco eficiente, uma vez que, sem entender a ciência por trás de cada atividade, talvez estejamos construindo um castelo de cartas. Fazendo assim, podemos incorrer no risco de dizer que uma dada metodologia não funciona ou que algumas atividades não geram o efeito proposto. Porém, na verdade, sem entender o que está por trás delas, essas ações se tornarão apenas vazias e sem vida alguma.

Entender o que está por traz de cada atividade é o que realmente fará a diferença, permitindo que você tenha autonomia para criar, inclusive, outras – algumas certamente ainda mais eficazes do que as propostas neste livro –, além de realizá-las de maneira constante com seu time.

Então, atenção para os próximos pontos. Sei que podem parecer repetitivos às vezes, mas servem de reforço ao aprendizado – afinal, a repetição também ajuda na fixação de alguns fundamentos.

LEMBRETE 1: VALORIZAÇÃO DO APRENDIZADO

Ao colocar em prática a valorização do aprendizado em detrimento apenas do desempenho, os gestores fortalecem uma cultura que se alimenta do conhecimento e da criatividade dos colaboradores. Essa sinergia resulta em uma vantagem competitiva inigualável, capaz de destacar a empresa em meio a cenários complexos e incertos, relacionados ao equilíbrio entre *zona de desempenho e zona de aprendizagem*, que serão dois conceitos que aprofundaremos nos próximos capítulos.

LEMBRETE 2: A BUSCA CONSTANTE POR MELHORIAS E INOVAÇÕES

A busca incessante por inovação é o segundo segredo para prosperar. Encorajar e permitir que as ideias floresçam, que novas soluções sejam testadas e implementadas, é o que mantém uma organização sempre um passo à frente da concorrência. Melhorias são muito importantes, mas, uma vez que descobrimos como aperfeiçoar um processo, as opções de mudança tornam-se limitadas. Ou seja, podemos melhorar a potência e a aerodinâmica de um carro, tornando-o extremamente veloz, porém, ainda assim, ele não será capaz de atravessar um oceano.

LEMBRETE 3: A VISÃO DO LÍDER 10X

A visão do líder 10X deve ser além do horizonte, antecipando mudanças e abraçando o dinamismo do mundo atual. Compreender que a incerteza pode ser uma aliada para impulsionar a criatividade é a chave para alcançar o sucesso sustentável se as pessoas estiverem confiantes e engajadas nesse processo.

LEMBRETE 4: FORMAÇÃO DE EQUIPES EFETIVAS

Minha pesquisa de campo teve como foco inicial os líderes e equipes, pois eles representam a base da maioria dos trabalhos realizados por mim. Em quase duas décadas realizando esse trabalho, percebi que raros são os produtos ou serviços efetivos, de impacto, criados por indivíduos atuando isoladamente. Em vez disso, a interdependência, a colaboração e o coletivo é que são a essência do processo.

LEMBRETE 5: COLABORAÇÃO

Nos dias atuais, os trabalhos exigem a colaboração entre pessoas para resolver interdependências variáveis. A economia moderna valoriza sobretudo as decisões e ações interdependentes que resultam de um trabalho em equipe eficaz. Essa dinâmica está em constante evolução, ocorrendo em configurações altamente variáveis, substituindo as equipes formais e rigidamente definidas por times de trabalho com uma comunicação mais fluida e orgânica, em uma estrutura hierárquica um pouco mais achatada.

LEMBRETE 6: DINÂMICA DE FORMAÇÃO DE EQUIPE

Para o estabelecimento de uma equipe coesa e eficiente, não basta recrutar pessoas competentes, é preciso também saber se comunicar com elas e coordená-las de maneira a levar em conta a experiência de cada uma, a situação em que se encontram e outros aspectos – como se trabalham a distância ou não. Seja formando regularmente equipes com novos colegas ou trabalhando em uma equipe estável, a efetividade desse trabalho conjunto encontra sua máxima expressão em um ambiente psicologicamente seguro, no qual contribuições se tornam elementos essenciais para a formação do todo.

LEMBRETE 7: O SUCESSO DA FORMAÇÃO DE EQUIPES

Portanto, o sucesso da formação de equipes efetivas repousa no cultivo de um ambiente no qual os colaboradores se sintam à vontade para compartilhar ideias, resolver desafios e tomar decisões colaborativas. A confiança e o respeito mútuos são fundamentais para que cada integrante se sinta valorizado e encorajado a contribuir plenamente.

MITOS E VERDADES SOBRE FORMAÇÃO DE EQUIPES DE ALTO DESEMPENHO

Acreditamos em geral que equipes formadas por pessoa com inteligência acima da média tendem a ter um desempenho melhor, correto? Errado!

Existem centenas de experimentos nos quais pesquisadores constataram que isso não corresponde à realidade. Equipes formadas por pessoas mais "inteligentes" obtiveram desempenho inferior em relação àquelas com intelecto "inferior", na média, pois, neste último caso, as contribuições trocadas entre seus integrantes foram muito mais frequentes que a criação de divergências.

Supomos que equipes que possuam líderes mais resolutivos conseguem resultados melhores, correto? Errado!

Líderes "decididos" inibem a participação e a criatividade dos demais, além de criar um ambiente de desconforto psicológico, fazendo com que as pessoas apenas acatem suas decisões sem questioná-las – até porque "sempre quem decide é ele(a)", antes mesmo de as pessoas sequer poderem propor algo.

Se eu puder escolher entre duas equipes, sendo a equipe A formada por pessoas mais formais, sérias e bem-sucedidas, enquanto a equipe B é mais informal e sem grandes históricos de sucesso individual, talentos ou mesmo gênios, qual eu escolheria? A resposta é fácil, não é? Claro que seria a equipe A, correto? Errado!

Não existe evidência alguma que garanta que o time A, com seus talentos individuais, terá sucesso como equipe. A verdade é que, na prática, esse tipo de grupo sempre apresenta dificuldades extremas de convívio e de colaboração.

Em contraste, pode-se dizer que equipes como a B em geral se mostram mais confusas – as pessoas interrompem umas às outras, muitas vezes apenas socializando, quando deveriam estar se concentrando no assunto todo o tempo. Todavia, todo mundo fala e expressa aquilo que acredita ser necessário para o bem de toda a equipe. Todos se sentem igualmente úteis e estão mais atentos à linguagem corporal e às expressões dos colegas. A equipe B pode não ter tantos gênios individuais, mas, quando o grupo se junta, a soma pode ser muito maior do que de todas as partes separadas.

Por isso, aproveite ao máximo as potencialidades individuais durante seu processo de formação de equipes e desvende o poder do trabalho em conjunto, impulsionando a inovação e superando desafios em um mundo cada vez mais dinâmico. O caminho para o sucesso começa com o fortalecimento das conexões humanas e a criação de um ambiente psicologicamente seguro, no qual todos possam florescer e prosperar.

DESVENDANDO A INEFICÁCIA DO MEDO COMO MOTIVADOR DE DESEMPENHO

No passado, o medo e a intimidação foram entendidos como fortes motivadores de desempenho dos trabalhadores nas fazendas e nas primeiras fábricas. Essa imagem do chefe malvado que governa pelo medo ainda habita profundamente nosso inconsciente popular, tornando-se até mesmo cômica em algumas produções cinematográficas – a exemplo do filme *O diabo veste Prada* (2006). A razão da manutenção dessa ideia é que, mesmo nos dias atuais, muitos líderes se comportam assim, acreditando que esse tipo de estímulo pode de fato ser um poderoso motivador. A ideia é que, ao temer as consequências do mau desempenho, os colaboradores trabalharão duro para alcançar resultados positivos e, por consequência, estariam evitando problemas para si próprios. No entanto, a neurociência tem demonstrado frequentemente que o medo não é um motivador eficaz, principalmente em trabalhos que exigem troca de conhecimento e colaboração para o sucesso.

O medo inibe o aprendizado e a cooperação.

Estudos mostram que o medo inibe o aprendizado e a cooperação. Diante de situações estressantes, partes do cérebro responsáveis por detectar ameaças são ativadas pelo influxo de adrenalina, bloqueando certas funções cognitivas que são fundamentais para o pensamento analítico, a criatividade e a resolução de problemas. Quando estamos com medo, nosso cérebro direciona recursos para lidar com a situação ameaçadora, comprometendo nossa capacidade de aprendizado e processamento de informações novas – o que explica nossas atitudes incoerentes, comportamentos abruptos e apagões de memória durante momentos de muito estresse.

Aplicando essas ideias a um ambiente de trabalho, fica claro que, em vez de impulsionar o desempenho, o medo tenderá a inibir a capacidade dos colaboradores de oferecerem o melhor de si. Para promover uma cultura de aprendizado, colaboração e desempenho excepcional, é essencial construir um ambiente psicologicamente seguro, no qual os colaboradores sintam-se valorizados e encorajados a compartilhar ideias e contribuir para o crescimento da organização.

ADOTANDO ABORDAGENS EFICAZES QUE NÃO ENVOLVAM O MEDO

A partir do entendimento dos efeitos negativos do medo na motivação e no desempenho de seus colaboradores, fica claro que os líderes devem adotar outras alternativas para isso, tais como confiança, transparência e respeito mútuo dentro da equipe. É hora de deixar a instigação do medo de lado e investir em um ambiente de trabalho propício ao aprendizado e à colaboração, criando condições para que cada indivíduo alcance todo o seu potencial e, consequentemente, some no impulsionamento do sucesso organizacional. O quanto uma pessoa se sente psicologicamente segura influencia diretamente seu engajamento em comportamentos de aprendizado, como compartilhar informações, pedir ajuda ou experimentar coisas novas, além de impactar sua satisfação no trabalho. A hierarquia, quando mal administrada, também pode diminuir a segurança psicológica, prejudicando a dinâmica de uma equipe.

Pesquisas revelam que membros de equipes em níveis hierárquicos mais baixos frequentemente se sentem receosos de pedir ajuda ou admitir falhas, temendo punições. No entanto, ambientes psicologicamente seguros proporcionam uma crença de que cometer erros ou buscar auxílio não resultará em reações negativas dos colegas. Pelo contrário, a sinceridade é não só permitida como também encorajada.

A chave número um é construir um ambiente psicologicamente seguro para a excelência organizacional, inovação e crescimento exponencial.

Ao longo dos últimos dez anos, o conceito de *segurança psicológica* tem ganho destaque nas organizações e na sociedade em geral, principalmente devido à divulgação da pesquisa conhecida como Projeto Aristóteles, realizada pelo Google. Inicialmente, os pesquisadores desse projeto empreenderam uma revisão abrangente de milhares de artigos acadêmicos publicados nas últimas cinco décadas, buscando compreender o funcionamento das equipes de trabalho – principalmente, a partir da perspectiva de que são elas as "unidades fundamentais de aprendizado" nas organizações.

Nesse contexto, uma equipe é definida como "um grupo de pessoas que operam de maneira excepcional, confiando umas nas outras, complementando suas forças e compensando suas limitações mútuas. São pessoas com objetivos compartilhados, que vão além dos individuais, e que conseguem produzir resultados extraordinários".

O projeto de pesquisa, que começou em 2012 e se estendeu por vários anos, examinou 180 equipes dentro da própria empresa, buscando identificar padrões de eficácia, colaboração bem-sucedida e possíveis falhas. Esse estudo complexo e abrangente coletou uma quantidade impressionante de dados, o que resultou em descobertas surpreendentes.

Um dos resultados mais impactantes foi a constatação de que o que importava mais não era quem compunha a equipe, mas sim como seus membros trabalhavam juntos. De fato, os pesquisadores do Projeto Aristóteles descobriram que as equipes mais bem-sucedidas eram aquelas que estavam fundamentadas na segurança psicológica. Elas eram compostas por colaboradores empáticos, completamente abertos e engajados, que não precisavam esconder sua verdadeira personalidade ou criar uma "máscara de trabalho" para se encaixar no ambiente profissional. Como afirmou um dos pesquisadores, "ninguém quer deixar em casa uma parte de sua personalidade ou de sua vida interior. Contudo, para sermos plenamente presentes no trabalho, para nos sentirmos psicologicamente seguros, precisamos saber que podemos ser livres o suficiente, de vez em quando, para compartilhar coisas que nos assustam, sem medo de recriminações ou julgamentos".

É interessante notar a coincidência dessa citação com a visão de Robert Kegan e Lisa Laskow Lahey[1] sobre as pessoas criarem um "segundo emprego não remunerado", no qual elas gastam demasiada energia para simular uma *persona* diferente da sua verdadeira, escondendo aquilo que não sabem, já que não se sentem psicologicamente seguros para serem autênticos.

Aprofundando ainda mais nos detalhes do projeto, foram identificadas cinco razões para o sucesso das equipes (lembrando que o que realmente importava era saber como seus membros colaboravam, e não necessariamente quem estava na equipe):

1 Pesquisadores norte-americanos da Universidade de Harvard, Robert Kegan e Lisa Lascow Lahey são coautores do livro *Imunidade à mudança* (Alta Books, 2017).

1. **Segurança psicológica**

   Os profissionais sentem-se seguros para expressar suas opiniões sem medo de críticas inadequadas ou desqualificações. Essa é considerada a prerrogativa mais fundamental de uma equipe bem-sucedida;

2. **Confiabilidade**

   Equipes de alto desempenho concluem suas tarefas dentro do prazo e atendem a padrões elevados. Existe confiança mútua, e cada membro sabe o quanto pode contar com os outros para cumprir o que foi prometido;

3. **Estrutura e clareza**

   Todos os membros da equipe têm uma compreensão clara de seus objetivos. Os líderes definem o que significa sucesso e compreendem como cada integrante da equipe define esse conceito. Isso cria uma visão compartilhada na qual todos sabem o que é esperado deles para alcançar essa visão;

4. **Significado**

   O trabalho é pessoalmente significativo para todos na equipe. Os líderes se comunicam porque circular informações sobre suas atividades é importante todos os dias;

5. **Impacto**

   Os líderes têm um impacto significativo em suas equipes. Eles aproveitam verdadeiramente as próprias forças para inspirar seus times com uma visão compartilhada do que é o sucesso, motivando-os a dar o seu melhor. É importante destacar que a segurança psicológica tem um impacto positivo nos resultados do negócio. A pesquisa realizada pelo Projeto Aristóteles mostrou que equipes com alta segurança psicológica superam suas metas em 17% dos casos, enquanto equipes com baixa segurança psicológica apresentaram um desempenho médio 19% abaixo das metas estabelecidas.

Esses dados corroboram a ideia de que a segurança psicológica pode fazer toda a diferença entre um cliente satisfeito e outro irritado, que viraliza uma crítica prejudicial nas redes sociais. Em um mundo cada vez mais interdependente e incerto, a segurança psicológica é o segredo para o sucesso.

PRÁTICAS CRUCIAIS PARA SE CONSTRUIR LOCAIS DE TRABALHO PSICOLOGICAMENTE SEGUROS

Para que os colaboradores não tenham medo de agir como eles mesmos no trabalho, naturalmente, é preciso criar uma cultura organizacional a qual permita que as pessoas se sintam confortáveis em se mostrar como são de fato, sem se sentirem alvos de críticas ou restrições indesejadas.

É importante dar voz às pessoas em relação àquilo que elas fazem e como fazem, de garantir que elas percebam seu trabalho como intrinsecamente significativo e de lhes permitir definir seus papéis (na organização). Isso não ocorre porque os líderes querem exercer seu controle sobre os outros, quando eles mesmos, frequentemente, tornam-se ansiosos por causa da cobrança de produzir e "performar". Essa afirmação nos leva a refletir sobre o fato de que ainda existe um descompasso entre as ações praticadas por modelos organizacionais (ainda em uma abordagem de tipo "comando e controle") que planejam e anunciam amplas mudanças de *mindset*, e as expectativas geradas nos colaboradores nos vários níveis da empresa.

Deve-se criar um ambiente no qual a comunicação flua de forma transparente e todos saibam que suas perguntas e incertezas são valorizadas. Essa atmosfera de confiança propicia relações mais sólidas entre colegas e equipes, promovendo a colaboração e a troca de ideias.

Nesse contexto, coisas extraordinárias acontecem: erros são rapidamente reportados, possibilitando ações corretivas imediatas. A coordenação entre grupos ou departamentos se torna mais fluida e eficiente, e ideias inovadoras surgem naturalmente. A segurança psicológica é, portanto, uma força motriz para a criação de valor nas organizações modernas, especialmente em ambientes complexos e em constante transformação. Ao construir um ambiente psicologicamente seguro, a organização estará pronta para enfrentar os desafios com resiliência, prosperando mesmo diante da incerteza.

Aqui é traçado um paralelo com as ideias de Joseph Schumpeter[2] para explicitar o papel fundamental da segurança psicológica na inovação e no progresso. De acordo com esse economista, "lidar com pessoas que nos fazem 'pensar melhor' nos leva à razão central do porquê a segurança psicológica é crucial para a inovação e o progresso. Nós podemos pensar melhor unicamente se os outros ao nosso redor expressarem suas ideias".

Essa abordagem é particularmente relevante quando consideramos um dos principais motores do desenvolvimento econômico: a inovação tecnológica. Atualmente, a inovação tecnológica é o ponto central de debates tanto acadêmicos quanto organizacionais. A segurança psicológica desempenha um papel fundamental nesse contexto, pois ela nos permiti pensar de maneira plena e, até mesmo, ousada. Ela nos encoraja a correr riscos, experimentar, inovar e mudar, impulsionando nosso crescimento.

No que diz respeito ao crescimento associado a uma cultura organizacional de alta performance, essa liberdade de expressão impulsiona a atividade da empresa na direção de se obter não somente o merecido lucro, mas lucros extraordinários acima da média do mercado. É o caráter extraordinário desses lucros que estimula novos investimentos e novos entrantes naquela indústria, fugindo de outras que não apresentam a mesma performance e os mesmos retornos sobre capital. Em outras palavras, estabelece um vínculo real entre inovação e alta performance para o crescimento, que, por sua vez, como discutimos anteriormente, encontra terreno fértil no modelo de segurança psicológica quando ele é adotado pelos líderes.

PORTANTO: SEGURANÇA PSICOLÓGICA = INOVAÇÃO = PERFORMANCE = CRESCIMENTO.

É fascinante observar como a segurança psicológica estabelece um ciclo virtuoso nas organizações, criando um caminho de duplo impacto que tende a erradicar os problemas originados pelo medo que permeia

2 Nascido em 1883 no então Império Austro-Húngaro, Joseph Schumpeter é considerado um dos mais importantes economistas do século XX.

muitos ambientes de trabalho. A capacidade de ter colaboradores que se sintam à vontade para se posicionar e alertar sobre possíveis desafios na gestão, ou que se sintam confiantes o suficiente para impulsionar mudanças e inovações, deve ser reconhecido pela liderança não apenas por sua contribuição para uma melhor performance, mas também por sua capacidade de antecipar e mitigar problemas que, de outra forma, poderiam se tornar extremamente graves.

Refletindo sobre a construção de uma empresa sem uma atmosfera de medo e o poder de um clima psicologicamente seguro, é crucial considerar um problema comum enfrentado por muitas organizações que buscam implementar um novo modelo de segurança psicológica. Muitas vezes, a mudança é introduzida sem uma comunicação clara e uma explicação minuciosa das razões subjacentes que a motivam. Nesse contexto, é fundamental envolver e engajar as equipes, permitindo que elas se apropriem e liderem a própria transformação. Isso torna a segurança psicológica mais do que apenas um conceito desejável e abstrato, transformando-a em uma realidade organizacional tangível. A implementação ocorre por meio de esforços colaborativos e "visão de 360º", envolvendo todos os principais *stakeholders* internos e externos da organização.

Não há dúvida de que, dos pontos de vista psicológico e do respeito humano, a implementação de um modelo organizacional seguro e sem medo é tida como desejável e, em geral, recebida de braços abertos pelos colaboradores.

Mesmo diante dos avanços, uma pesquisa Gallup em 2017 revelou que apenas três em cada dez colaboradores concordam plenamente que suas opiniões realmente importam no trabalho. Entretanto, o Gallup estimou que se essa proporção aumentasse para seis em cada dez, as organizações poderiam alcançar resultados impressionantes: redução de 27% na rotatividade, diminuição de 40% nos incidentes de segurança e aumento de 12% na produtividade. A partir desses números, fica claro que não basta apenas contratar talentos. Os líderes devem almejar liberar os potenciais individuais e coletivos de todos os seus colaboradores, e isso só é possível em um clima psicologicamente seguro.

Psicologicamente seguro não significa que todos devem concordar o tempo tudo.

Trabalhar em um ambiente psicologicamente seguro não significa que todos devem concordar o tempo todo apenas para serem agradáveis. Também não se trata de espalhar elogios vazios ou apoio incondicional a tudo que é dito. Na verdade, a segurança psicológica está relacionada à franqueza, à possibilidade de discordâncias produtivas e à livre troca de ideias. Esses elementos são essenciais para promover o aprendizado e a inovação.

Em qualquer local de trabalho, é inevitável que conflitos surjam. A segurança psicológica permite que as pessoas em lados opostos de um conflito possam expressar abertamente o que as incomoda, criando um ambiente propício para a resolução construtiva de questões.

Segurança psicológica também não está ligada nem à introversão, nem à extroversão.

Outro equívoco comum é associar a segurança psicológica à introversão ou à extroversão. No entanto, pesquisas mostram que esse conceito não está ligado a nenhuma dessas duas características. A segurança psicológica diz respeito ao clima organizacional e afeta igualmente (mas, muitas vezes, de maneiras distintas) pessoas com diferentes traços de personalidade. Em um clima psicologicamente seguro, todas as pessoas, independentemente de sua tendência à introversão ou à extroversão, vão se sentir encorajadas a compartilhar ideias e expressar suas preocupações. A verdadeira segurança psicológica transcende as características individuais de personalidade e abraça a diversidade de perspectivas, promovendo um ambiente de respeito, aprendizado e colaboração.

No contexto atual de gestão, não é apenas crucial estabelecer relações sem medo entre líderes e liderados. É necessário estabelecê-las também entre colegas de trabalho de mesma hierarquia dentro da organização. Ao mesmo tempo, em uma abordagem moderna de gestão, é essencial que exista uma orientação das atividades da empresa para além de seu espaço interno. Isso implica em concentrar-se na consideração do *stakeholder equity*, alinhando as ações da organização com as dinâmicas que envolvem os diversos grupos externos de interesse com os quais a empresa interage diariamente, como fornecedores, clientes, investidores, a sociedade como um todo e o meio ambiente. Esse alinhamento deve ser conduzido com paixão e propósito, objetivando alcançar altos níveis de desempenho.

Que tal transformar sua liderança em uma gestão sem medo?

Abra as portas. De forma empática, você deve valorizar as opiniões, incentivando a troca de ideias e o aprendizado constante. O resultado será uma equipe engajada, unida e preparada para alcançar grandes conquistas em um ambiente de trabalho psicologicamente seguro, inovador e em crescimento.

CONCLUSÃO:

Em um mundo em constante transformação, é impossível o líder solitário acompanhar tudo que está acontecendo à sua volta sem ter a visão compartilhada da sua equipe e de todos que o cercam. Contudo, muitos líderes, por não saberem ou não entenderem isso, criam um ambiente hostil, de pouca ou nenhuma comunicação ou cooperação, limitando drasticamente as oportunidades de mudança e de melhorias que poderiam ser atingidas. As organizações que irão prosperar nessa nova era serão aquelas capazes de criar um ambiente aberto e convidativo, onde todos se sintam seguros para participar.

DESAFIO
DO CAPÍTULO

Atividade proposta

Segue agora a sugestão de um questionário que você pode, por conta própria, de maneira informal até, ou em conjunto com o setor de RH, usar para avaliar o nível atual de segurança psicológica do seu time ou da sua empresa. Caso você também tenha um líder, esse será um ótimo exercício de reflexão que poderá servir posteriormente de *feedback* e de busca de melhorias.

Questionário para a equipe

Por favor, classifique cada afirmação de acordo com sua experiência e percepção no ambiente de trabalho, utilizando uma escala de 1 a 5, na qual:

1 = Discordo totalmente;

2 = Discordo;

3 = Neutro;

4 = Concordo;

5 = Concordo totalmente.

Perguntas

1. Sinto-me à vontade para expressar minhas opiniões e ideias no trabalho?

2. Acredito que minhas preocupações são levadas a sério pela equipe e pela liderança?

3 Sinto-me seguro para tomar riscos e experimentar coisas novas no meu trabalho?

4 A equipe valoriza a diversidade de opiniões e experiências?

5 Sinto que minha liderança está aberta ao *feedback* e está disposta a fazer mudanças com base nele?

6 Não tenho medo de ser julgado ou criticado por compartilhar minhas ideias no trabalho?

7 A equipe encoraja a aprendizagem com base em erros e falhas?

8 Sinto que sou apoiado e respeitado pelos meus colegas de equipe?

9 Acredito que a liderança da empresa se preocupa com o meu bem-estar e o equilíbrio entre vida pessoal e profissional?

10 No geral, sinto-me seguro e à vontade no ambiente de trabalho?

Respostas

- **Nível baixo de segurança psicológica** (10 a 20 pontos)

Esse nível indica que a equipe certamente está experimentando um ambiente de alta insegurança. Os líderes devem considerar as seguintes ações:

Dicas

1. Estar disposto a ouvir atentamente as preocupações e ideias dos membros da equipe, sem julgamento;
2. Criar canais de comunicação seguros, como reuniões individuais ou em grupo, para que os funcionários possam expressar suas preocupações e ideias;
3. Educar-se sobre como fornecer *feedback* de maneira construtiva e encorajadora, promovendo o aprendizado com base em erros.

- **Nível médio de segurança psicológica** (20 a 35 pontos)

Caso o questionário aponte esse nível, os líderes devem considerar as seguintes ações:

Dicas

1. Oferecer treinamento em habilidades de comunicação, incluindo escuta ativa e *feedback* construtivo, para líderes e membros da equipe;
2. Reconhecer e valorizar as contribuições dos funcionários de forma regular, promovendo um ambiente mais positivo;
3. Incentivar a equipe a considerar diferentes perspectivas e opiniões, promovendo a diversidade de pensamento.

- **Nível alto de segurança psicológica** (36 a 50 pontos)

Diante desse resultado, os líderes devem considerar as seguintes ações:

Dicas

1. Continuar promovendo um clima de confiança, incentivando a abertura e a transparência;
2. Investir no desenvolvimento de habilidades de liderança, incluindo a baseada em valores e habilidades de *coaching*;
3. Oferecer oportunidades de desenvolvimento profissional e pessoal para a equipe;
4. Implementar programas de bem-estar e equilíbrio entre vida pessoal e profissional com o intuito de garantir que os funcionários se sintam apoiados em todas as áreas de suas vidas.

Lembre-se de que essas são sugestões gerais, e que as ações específicas podem variar de acordo com a cultura e as necessidades da organização. A chave é criar um ambiente no qual os funcionários se sintam seguros para compartilhar informações, aprender e crescer. A avaliação periódica da segurança psicológica por meio de questionários pode ajudar a acompanhar o progresso e identificar áreas que precisam de atenção.

CAPÍTULO **04.**

EQUILIBRANDO RESULTADOS, INOVAÇÃO E ANSIEDADE

"

Dominar as zonas de desempenho e aprendizado é o caminho que nos leva a sair da **zona de ansiedade** para a maestria do *flow*. Não dominar cada território emocional deste, certamente, levará o líder – e sua equipe – à exaustão antes mesmo de atingir os resultados esperados.

ANDRÉ GIROTTO

"

BEM-VINDO AO QUARTO CAPÍTULO DESTE LIVRO.

Aqui, antes mesmo de avançarmos para nossa Liderança 10X, devo-lhe informar que chegamos a um ponto crucial para o nosso processo de desenvolvimento. Um ponto que poderá nos levar ao sucesso ou a um terrível desfecho negativo e totalmente indesejado.

Para isso, antes de seguir adiante, exploraremos algumas situações que, se não foram dominadas, poderão ser uma verdadeira receita para o desastre, formando o que chamo de "zona de ansiedade".

A *zona de ansiedade* não está relacionada somente a metas competitivas ou ambientes de negócios acirrados – como já expliquei no livro *Menos Rambo, mais sniper,* escrito por mim em 2019, no qual tive a contribuição de outros cinco CEOs experientes –, mas também a questões interpessoais que afetam o mundo corporativo.

Por exemplo, sentir-se incapaz de compartilhar perguntas ou ideias pode ser profundamente improdutivo no ambiente de trabalho. Isso representa um sério fator de risco quando vivemos em mundo VUCA. O termo foi criado pela Faculdade de Guerra do Exército dos Estados Unidos nos anos 1990, inspirado nas teorias de liderança de Warren Bennis e Burt Nanus[1] para explicar o cenário geopolítico pós-Guerra Fria. Desde então, tem sido aproveitado pelo mundo dos negócios.

Warren Bennis e Burt Nanus argumentaram que a necessidade de uma liderança participativa é muito maior hoje do que no passado, devido ao fato de os desafios serem mais complexos, de haver uma crise de governança e de existir certa incapacidade de as organizações atenderem às expectativas de seus *stakeholders,* em sentido amplo.

VUCA é o acrônimo de:

- **V = Volatilidade**: diz respeito à natureza e à dinâmica da mudança, à natureza e à velocidade das forças de mudança e seus catalisadores;

1 Warren Bennis (1925-2014) foi especialista em liderança e conselheiro dos presidentes norte-americanos John F. Kennedy, Lyndon B. Johnson, Gerald Ford e Ronald Reagan. Burt Nanus (1936-) é professor emérito da Universidade do Sul da Califórnia. Juntos, escreveram o livro *Leaders: The Strategies for Taking Charge*, publicado em 1985 pela HarperCollins nos Estados Unidos.

- **U = Incerteza**: em um mundo onde V impera, U representa a falta de previsibilidade que induz perspectivas de surpresa nas empresas e na sociedade como um todo, gerando uma constante situação de dúvida nas tomadas de decisão;
- **C = Complexidade**: remete a uma realidade multifacetada, estratificada em distintos níveis de interpretação e operacionalização, em que uma multiplicidade de questões determina uma cadeia de causa e efeito, muitas vezes, obscura e de resultados dúbios;
- **A = Ambiguidade**: remete a uma realidade imprecisa que gera interpretações potencialmente errôneas e situações com significados ambivalentes ou mistos, produzindo uma constante confusão de causa e efeito.

A necessidade de uma liderança participativa é muito maior hoje do que no passado.

Apesar de o conceito VUCA ser de 1987 e, desde então, ter gerado certo "cansaço intelectual" devido à sua popularização, tanto em textos acadêmicos como em outros mais informais, ele é extremamente atual para mim, ainda mais depois da eclosão da pandemia de COVID-19 (quando passei a chamá-lo de Mega-VUCA, voltarei a isso adiante).

Retomando a discussão sobre a *zona de ansiedade*, mesmo em um cenário incerto e interdependente, o alto desempenho pode ser alcançado se os padrões, a segurança psicológica e a confiança estiverem elevados ao máximo. Nessa zona, as pessoas podem colaborar, aprender umas com as outras e realizar trabalhos complexos e inovadores em tempo recorde. Em um mundo VUCA, o alto desempenho ocorre quando as pessoas estão ativamente aprendendo à medida que avançam.

A segurança psicológica não é a única chave para o alto desempenho.

É importante deixar claro que a segurança psicológica não é o único elemento necessário para alguém alcançar o alto desempenho. Eu costumo dizer que essa segurança remove os freios que impedem as pessoas de alcançar seu potencial, mas não é o combustível que as impulsiona durante o caminho.

Em cenários desafiadores da indústria, os líderes têm duas tarefas vitais. Primeiro, devem construir uma segurança psicológica que incentive o aprendizado e permita a exploração de oportunidades sem o medo de falhas. Segundo, precisam estabelecer padrões elevados e inspirar as pessoas a alcançá-los, compartilhando um propósito valioso.

Manter altos padrões e enfatizar constantemente um propósito significativo continua sendo uma tarefa essencial de gerenciamento. No entanto, nos locais de trabalho atuais, garantir excelência por meio da análise de ferramentas conhecidas não é suficiente. Em trabalhos baseados em conhecimento, a excelência não pode ser facilmente medida ao longo do caminho. Os resultados em cenários incertos podem levar tempo para se tornarem claros, e medir um processo complexo é também desafiador.

Claro que todo desafio corresponde a uma oportunidade.

A catástrofe sanitária global mostrou claramente quão afetado está sendo o mundo e quão exponencial se tornou o conceito VUCA, frente à escala em que esse fenômeno imprevisível e distópico atingiu todo o globo. A pandemia de fato distorceu e exasperou toda sorte de variáveis e de parâmetros sanitários, econômicos e sociais sem distinção de condições nas quais os diferentes países se encontravam. Paralelamente, o mundo Mega-VUCA está comprovando a teoria de que todo desafio corresponde a uma oportunidade para mudar – e, por que não, crescer?

Identificar essas zonas é essencial para as organizações navegarem com sucesso em um ambiente volátil e desafiador como o atual. Fomentar a segurança psicológica e a cultura de aprendizado é fundamental para impulsionar a equipe em direção à *zona de aprendizado*, na qual a inovação floresce e o alto desempenho é alcançado, mesmo diante da incerteza.

Portanto, à medida que avançamos, vamos explorar estratégias para criar um ambiente psicologicamente seguro, incentivando o aprendizado contínuo e a colaboração. Através dessa abordagem, você e sua liderança estarão preparados para enfrentar as complexidades do mundo Mega-VUCA, transformando a ansiedade em aprendizado e alcançando resultados extraordinários em um cenário em constante mudança.

DE VUCA PARA BANI

Ainda mantendo o foco no conceito de VUCA, é importante considerar o que poderíamos chamar de uma versão atualizada dele chamada de BANI. O conceito de mundo BANI foi criado pelo antropólogo norte-americano Jamais Cascio, que o mencionou pela primeira vez em um artigo publicado no *Medium* em abril de 2020, intitulado "Facing the Age of Chaos" ("Enfrentando a era do caos", em tradução livre).

Essa abordagem tem ganho popularidade recentemente inclusive no Brasil, onde encontrou um grupo entusiasmado de simpatizantes.

No artigo, que reverberou em algumas esferas, o autor explora os conceitos subjacentes ao mundo VUCA, trazendo uma nova lente para entender a crescente complexidade e insegurança da sociedade contemporânea. Sob essa ótica, o acrônimo BANI (ou FANI, em português) descreve um mundo que parece ser:

B = Frágil;

A = Ansioso;

N = Não linear;

I = Incompreensível.

Ainda que dramático, esse acrônimo propõe uma reflexão sobre como os movimentos disruptivos na atualidade podem gerar um estado caótico, levando, potencialmente, a desastres e momentos de desespero. A pandemia, um dos maiores desafios da história humana que a minha geração vivenciou, ilustra como certos acontecimentos podem assumir proporções massivas, criando uma confusão generalizada e nos inundando com informações desconexas.

Embora o conceito BANI seja intuitivo e provocativo, algumas críticas apontam para sua falta de articulação, bem como uma certa ausência de investigação mais profunda nas causas-raiz dos efeitos disruptivos que o artigo aborda. Em comparação com o conceito VUCA, que é considerado "claro, evocativo e, apesar de sua 'obsolescência', ainda relevante", o BANI parece ser mais uma expressão retórica do que uma estrutura de pensamento completamente elaborada.

A RESILIÊNCIA, A EMPATIA, A FLEXIBILIDADE E A INTUIÇÃO COMO PILARES FUNDAMENTAIS

Mesmo diante desse quadro apocalíptico, há fatores que podem nos ajudar a enfrentar esse cenário complexo e desafiador. A resiliência, a empatia, a flexibilidade e a intuição, entre outros fatores, emergem como pilares fundamentais para superar os desafios inerentes a um mundo em constante transformação, independentemente do conceito VUCA ou do BANI. Essas características subjacentes aos acrônimos podem nos guiar em meio ao caos, ajudando-nos a encontrar um sentido renovado e uma força interior para seguir em frente.

Portanto, os líderes de hoje devem motivar suas equipes a dar o melhor de si, inspirando-as, fornecendo treinamento adequado, oferecendo *feedbacks* construtivos e tornando a busca pela excelência uma experiência gratificante. Além disso, é fundamental criar um ambiente seguro para a comunicação aberta sobre desafios, preocupações e oportunidades. Essa é uma das mais importantes responsabilidades de liderança no século XXI.

Contudo se não houver um equilíbrio entre o tempo que dedicamos na *zona de desempenho* e na *zona de aprendizagem*, estaremos fadados à mediocridade.

Segundo Eduardo Briceño, autor de *The Performance Paradox* (Ballantine Books, 2023), a *zona de desempenho* é o lugar onde estamos confortáveis, realizando tarefas que já dominamos e obtendo resultados consistentes. É a zona em que nos sentimos seguros, mas também onde há pouco espaço para o crescimento e o desenvolvimento. Nela, tendemos a repetir comportamentos e abordagens conhecidos, limitando nosso potencial de alcançar desempenho excepcional. Essa é também conhecida mais popularmente como "zona de conforto". A *zona de aprendizado* é onde o verdadeiro crescimento acontece.

Um exemplo de pessoas que alcançaram desempenho excepcional em suas áreas de atuação é o do jogador de basquete Michael Jordan. Jordan enfrentou inúmeras adversidades e obstáculos ao longo de sua carreira, mas sempre se manteve comprometido em aprimorar suas habilidades e superar seus limites. Sua dedicação à *zona de aprendizado* e a busca constante por evolução o levaram a se tornar um dos maiores atletas de todos os tempos.

No entanto, é importante ressaltar que a jornada pela *zona de aprendizado* não é fácil, pois requer entendimento, coragem, persistência e um compromisso constante com o aprimoramento e o desenvolvimento pessoais. É preciso estar disposto a enfrentar o desconforto, aceitar *feedbacks* construtivos e adaptar-se às mudanças do ambiente.

Para alcançar a melhoria e o alto desempenho em qualquer área, precisamos integrar a *zona de aprendizado* em nosso trabalho e em nossa vida. Isso não significa que devemos buscar o desempenho máximo o tempo todo. Na verdade, se passarmos todo o nosso tempo na *zona de desempenho*, muito possivelmente vamos acabar em estado crônico de estagnação, frustração e esgotamento.

Entrar na *zona de aprendizado* não requer um compromisso de tempo significativo, mas exige intenção. Entramos nessa zona sempre que solicitamos *feedback*, tentamos uma nova forma de trabalhar ou examinamos como um concorrente continua conquistando todas as contas pelas quais temos licitado. Abraçamos a *zona de aprendizado* no momento em que optamos por não responder com raiva quando alguém critica nosso trabalho – decidindo, em vez disso, ouvir o que estão dizendo em uma tentativa honesta de entender e aprender verdadeiramente com eles.

Vamos supor que você seja um tenista. Sua *zona de aprendizado* é o trabalho que você faz no campo de treinamento, o lugar onde você experimenta abordagens diferentes e vê o que funciona melhor. Já o torneio de tênis corresponderá à sua *zona de desempenho*, focando no que você faz de melhor.

Fomos ensinados que, para sermos o melhor em algo, tudo o que precisamos fazer é praticar e repetir. Acreditamos que, uma vez que somos bons ou mesmo excelentes em algo. Já estamos prontos e não precisamos fazer mais nada. Por que se preocupar em trabalhar para melhorar algo que já dominamos? Essa mentalidade tem um impacto prejudicial em nossa vida e carreira. Como falamos aqui, o mundo está em constante evolução e, se não nos comprometermos em aprender e a crescer constantemente junto com ele, corremos o risco de ficar para trás.

Pesquisas mostram que não melhoramos simplesmente fazendo mais do mesmo – jogar o máximo possível de partidas de futebol não é uma estratégia eficaz para melhorar o jogo. Também é preciso experimentar, solicitar *feedback*, refletir e implementar mudanças. Quando se trata de desempenhar habilidades com maestria, não podemos nos concentrar apenas em fazer as coisas. Precisamos adotar hábitos da *zona de aprendizado*.

Mas, antes disso, muitos de nós precisam "desaprender" nossas suposições sobre a aprendizagem. Quando penso em minhas experiências na escola, minhas lembranças da sala de aula tendem a se misturar. Para mim, a escola era um desfile interminável de professores nos dando palestras sobre coisas que não me importavam, porque tinham pouca (ou nenhuma) conexão com minha vida cotidiana, e que eu não achava que usaria.

O que aprendi foi decorar números, datas, regras gramaticais, memorizar o máximo de coisas e responder aquilo que é solicitado, da forma que é solicitado. Aprendi que era proibido conversar em sala de aula, que as tarefas e provas eram individuais, que não poderia ajudar meus colegas e nem pedir ajuda em dia de prova e que, para passar para o próximo nível, tinha apenas que tirar nota acima de 5 (média) que estaria tudo certo. Não fui treinado para resolver problemas, ser criativo, dar sugestões, trabalhar em equipe, liderar grupos de trabalho ou "vender" minhas ideias, nada disso. Esse processo escolar se baseava em memorizações e reproduções idênticas do que eu aprendia. Praticamente uma máquina de fotocópia, mais nada.

Isso me deixou preso a um modelo de performance crônica, como acontece com muitas pessoas. Esse modelo de pedagogia ainda continua sendo o mais dominante, e nós o reproduzimos de certa maneira no mundo corporativo, com os membros na nossa equipe, em vez de utilizar a chamada "andragogia" – que é como eu imagino que adolescentes e adultos deveriam, na verdade, ser ensinados. Explicarei melhor esse ponto no próximo capítulo. Por hora, vamos entender mais sobre o conceito de *zona de aprendizagem*.

Após anos de estudo sobre desempenho e aprendizagem, percebi que poderia integrar essas duas abordagens, começando assim a incorporá-las no *framework* da Liderança 10X. Devo dizer que fiquei impressionado com o quanto de ideias ressoavam quando eu colocava os participantes das formações para trabalhar, de fato, na *zona de aprendizagem*. Os resultados no mundo corporativo eram tão impressionantes, que muitos ficavam chocados por não terem feito aquilo antes em suas organizações (e quanto o desempenho havia sido prejudicado por causa disso).

Uma das atividades que fazemos é o Net Profit Day, que você conhecerá mais adiante. Estou falando de uma atividade realizada em trios ou pequenos grupos multidisciplinares, os quais, a partir dela, conseguem desenvolver ideias e mudanças práticas, aplicáveis, "simples" às vezes, mas muito eficazes. Posso afirmar que, observadas em conjunto, essas ideias, após implantadas, geraram um resultado que simplesmente dobrou de um ano para outro a lucratividade das empresas (consideradas em conjunto) – estou falando de mais de R$ 1,5 bilhões em performance além do planejado para nossos clientes, tudo conseguido com essa atividade de *zona de aprendizagem*.

Pode não parecer simples, mas não é. Conduzir atividades criativas ou de *brainstorming* sem habilidade e profundidade certamente não levará a quaisquer resultados exponenciais. Isso porque as pessoas estão focadas no que já sabem e tentando fazer o melhor que podem apenas com isso.

A questão é focar em algo desafiador, que tenha propósito e um parâmetro fora de nossa *zona de conforto*; algo no qual veem valor e que desejem alcançar, decidindo, para isso, arriscar-se, passar por ciclos de *feedback* para identificar oportunidades de melhoria, fazer ajustes e tentar novamente. Trata-se de querer, acreditar e prestar atenção ao que ainda não dominamos, lidar com algo que ainda não entendemos ou fazemos bem. Isso é o que significa estar na *zona de aprendizado*.

Como uma equipe que deseja desenvolver suas habilidades de *brainstorming* pode deliberadamente entrar na *zona de aprendizado*? Os membros da equipe podem começar testando estratégias e depois avaliar se essas levam a sessões de *brainstorming* mais ricas. Pesquisas mostram que podemos melhorar a eficácia dessas sessões, incluindo pessoas de diferentes origens e/ou que possuam competência diferentes. Outras abordagens testadas e comprovadas incluem passar algum tempo gerando ideias em isolamento antes de serem influenciados por outros e focar na quantidade de ideias, em vez da qualidade.

Lembre-se

Na *zona de aprendizado*, quando nosso objetivo é melhorar, devemos nos concentrar no que ainda não dominamos completamente, o que significa que não podemos esperar executar perfeitamente a atividade em questão. Seja no *brainstorming*, na facilitação de reuniões, no atendimento a chamadas de suporte ao cliente, em projetos Net Profit, ou em qualquer outra atividade, o que fazemos na *zona de aprendizado* é assumir desafios e examinar erros para que possamos aprender com eles, determinando rapidamente o que ajustar sem ficar remoendo o passado. Mas e se você pudesse integrar a *zona de conforto* à *zona de aprendizado*, objetivando gerar conhecimento enquanto realiza o que precisa realizar? Isso seria possível?

O engajamento regular na *zona de aprendizado* permite que você descubra e aprenda maneiras de trabalhar de forma mais inteligente, eficiente e eficaz. Se você deseja melhorar suas habilidades de falar em público, pode assistir a vídeos de oradores habilidosos e compará-los a vídeos nos quais você é o orador, ler livros sobre maneiras de aprimorar suas técnicas, trabalhar com um *coach*, testar algo novo cada vez que se apresentar e solicitar *feedback*. Embora seja tentador ficar com o que você sabe, especialmente quando se sente sobrecarregado pelo tempo, se envolver na *zona de aprendizado* é essencial.

INTEGRANDO A *ZONA DE APRENDIZADO* À DE *DESEMPENHO*

Não necessariamente aprendemos fazendo (pois, às vezes, estamos no automático), mas podemos sempre aprender enquanto fazemos. A maioria de nós encontrará nossas maiores oportunidades não dedicando blocos de tempo exclusivamente à *zona de aprendizado*, mas mudando a forma como trabalhamos. Ou seja, mudar o jeito como realizamos tarefas já rotineiras, experimentar outras maneiras de realizá-las, é o que faz expandir nosso conhecimento.

O envolvimento regular na *zona de aprendizado* garante nosso crescimento contínuo e nos lembra que sempre é possível estender nossas capacidades atuais, que nunca estamos tão "presos" como pode parecer à primeira vista. A *zona de aprendizado* possibilita o nosso avanço, mas também abre caminho para uma mudança de mentalidade, que nos permite ver até mesmo situações de alto desempenho sob pressão como oportunidades de aprendizado. Mas a mudança de mentalidade é apenas parte da equação. Estratégias eficazes na *zona de aprendizado* também são igualmente necessárias.

Sempre que nos apegamos demais a ideias como "é assim que fazemos as coisas aqui" sem considerar que podem haver maneiras melhores, estamos efetivamente pedindo que nossa equipe se comporte como robôs, apenas cumprindo as tarefas dadas. Ao capacitar as pessoas a desafiar o *status quo* fazendo perguntas como "de que maneira podemos fazer funcionar?" ou "como as coisas poderiam funcionar melhor?", seguidos da realização de experimentos em pequena escala, não apenas melhoramos a experiência do cliente, mas também capacitamos a equipe a trazer o próprio pensamento criativo e curiosidade para o trabalho, o que aumenta seu comprometimento e o senso de dono.

É importante destacar que a ideia de que dez mil horas de prática é o requisito mágico para se tornar um mestre ou um especialista em uma área é uma simplificação incorreta da pesquisa de Anders Ericsson[2]. Embora a "regra das dez mil horas" ainda receba muita atenção hoje em dia, ela não captura totalmente a complexidade da aquisição de habilidades de alto nível.

A pesquisa de Ericsson enfatiza que o fator mais importante não é exatamente o número absoluto de horas de prática, mas sim como essas horas são utilizadas. O conceito-chave é a "prática deliberada" (ou "prática com propósito"), que envolve uma abordagem estruturada e focada para melhorar habilidades. Isso significa que a qualidade da prática é, na verdade, mais importante do que a quantidade de horas.

O número de horas necessárias para atingir o nível de elite ou classe mundial varia amplamente de acordo com vários fatores, como a área

2 K. Anders Ericsson (1947-2020) foi um psicólogo sueco que se tornou mundialmente famoso após publicar, em 1993, um artigo no periódico *Psychological Review* no qual ele expõe os resultados de uma pesquisa sobre os fatores que levam alguém a se destacar em uma dada atividade. Estudando violinistas do Conservatório de Berlim, Ericsson descobriu que esses músicos de elite da escola eram aqueles que tinham dez mil horas ou mais de prática deliberada, e não os que demonstravam um talento "natural" para o instrumento. Mais tarde, essa ideia foi popularizada no livro *Outliers* (2008), de Malcolm Gladwell.

de atuação e o nível de competição nela – as horas a serem gastas para se chegar a um nível de excelência em alguma função ou atividade não serão exatamente as mesmas para todo mundo.

Portanto, a mensagem importante a ser retirada da pesquisa de Ericsson é que o aprimoramento de habilidades requer prática deliberada, orientação e esforço intencional, independentemente do número específico de horas. A busca da excelência em qualquer campo requer um compromisso contínuo com a melhoria e um foco na qualidade da prática.

Estabelecer o hábito de refletir sobre o que está ou não funcionando e o que tentar de forma diferente é uma estratégia eficaz para o aprendizado contínuo e a melhoria. Você pode criar um lembrete de calendário recorrente para fazer essas reflexões por conta própria ou alocar uma seção dentro de reuniões periódicas com seus colegas para fazerem juntos essa reflexão.

Durante essas considerações, identifique os desafios e os pontos de frustração, e pense em como eles podem ser transformados em oportunidades de melhoria. Por exemplo, você pode analisar a quantidade de reuniões e como elas são conduzidas, já que são frequentes fontes de frustração (e, portanto, uma boa oportunidade para reestruturação). Pergunte a si mesmo por que está fazendo o que está fazendo e como pode fazê-lo melhor para alcançar o mesmo objetivo em um nível mais elevado. Talvez você descubra que existe uma maneira melhor de atingir sua meta final, completamente diferente do que você está fazendo atualmente.

Aprofunde sua *expertise*. Aprenda com artigos, livros, *podcasts* ou cursos para expandir sua compreensão das práticas eficazes e do que pode inspirar mudanças em suas estratégias. Aprenda com as pessoas a seu redor. Compartilhe suas reflexões e peça a opinião e/ou *feedback* dos outros sobre seus pensamentos. Mais mentes são mais inteligentes atuando juntas do que uma sozinha. Lembre-se de que sempre existem maneiras melhores de fazer as coisas; então, aceite a imperfeição como um dado e mantenha-se comprometido com um progresso consistente.

Construir uma cultura com mentalidade de crescimento não é tão simples como dar *feedback*, encorajar as pessoas a trabalhar duro ou pedir-lhes para mudar a maneira de pensar. Trata-se de embarcar em uma jornada contínua de desenvolvimento pessoal, tornando-a visível para os outros e convidando-os a se juntar ao grupo. Uma verdadeira cultura de mentalidade de crescimento cria estruturas e rituais que apoiam a aprendizagem contínua e incentivam as pessoas a aplicar essas lições para obter um impacto cada vez maior. Se quisermos realmente aprender a crescer e promover o crescimento em nossas organizações, precisamos de clareza.

Uma mentalidade de crescimento não é a mesma coisa que pensamento positivo; ela é a crença de que nossas habilidades e qualidades podem mudar se nos envolvermos na *zona de aprendizado*. As pessoas muitas vezes comparam a mentalidade de crescimento ao pensamento positivo, mas a primeira de fato não é a segunda.

A mentalidade de crescimento também não é a crença de que tudo é possível, mas sim de que nossas habilidades e qualidades, incluindo nossa inteligência, não estão definidas, e que, por meio de esforço contínuo na *zona de aprendizado*, podemos crescer e mudar. Além disso, ela não implica que qualquer pessoa possa fazer qualquer coisa. Em vez disso, sugere que ninguém pode saber o que uma pessoa pode vir a ser capaz de fazer. Como a Microsoft afirma em seus princípios culturais, "o potencial é cultivado, não predeterminado". A mentalidade de crescimento também não insinua que os genes não desempenhem papel algum. Nossas habilidades são, em parte, resultado da natureza e, em parte, da criação, mas tendemos a superestimar a primeira e subestimar a última.

Essa crença de que podemos mudar e nos desenvolver leva a efeitos psicológicos positivos e resulta da mentalidade de crescimento. Pesquisas mostram que, quando acreditamos que podemos mudar, tendemos a ver o esforço como algo positivo, como algo que pode nos beneficiar. Assumimos mais desafios, vemos a luta e os erros como parte do processo, perseveramos diante de contratempos, colaboramos de maneira mais eficaz e nos envolvemos em *feedbacks* construtivos e resolução de conflitos. Esses comportamentos diferentes levam a resultados superiores: tendemos a desenvolver relacionamentos mais positivos, experimentar menos estresse e ansiedade e alcançar um desempenho mais alto.

Acreditar que os seres humanos podem mudar é necessário para que os comportamentos eficazes ocorram, mas não é aí que as coisas param. São nossas ações que levam à melhoria, e não apenas a crença nela. Se quisermos melhorar, precisamos colocar em ação o trabalho para isso. É neste ponto que entram nossas estratégias da *zona de aprendizado*, como a investigação, a prática deliberada e o *feedback*. A mentalidade de crescimento é uma base poderosa – ela prepara o terreno tanto para a transformação pessoal quanto para a organizacional. Mas não podemos parar por aí se quisermos melhorar nossas habilidades ou nosso desempenho.

Dicas

Quando perceber que algo não está funcionando, esse será um ótimo momento para entrar na *zona de aprendizado*.

AJUDE SUA EQUIPE A DESENVOLVER SUAS HABILIDADES NAS DUAS ZONAS

ZONA DE DESEMPENHO

Como líder, você deve fornecer orientação, recursos e apoio para garantir que sua equipe execute suas responsabilidades com eficiência. Concentre-se em estabelecer metas claras, oferecer *feedback* construtivo, reconhecer e recompensar o desempenho excepcional. Ajude sua equipe a desenvolver suas habilidades existentes e aprimorar sua expertise.

ZONA DE APRENDIZAGEM

Incentive a cultura de aprendizado contínuo e promova um ambiente no qual as pessoas se sintam à vontade para buscar novos desafios e experimentar novas abordagens. Estimule o desenvolvimento de habilidades, oferecendo treinamentos, *workshops* e oportunidades de crescimento profissional. Esteja aberto a ouvir ideias e sugestões da equipe, valorizando o aprendizado coletivo.

EQUILÍBRIO ENTRE AS DUAS ZONAS

Reconheça que o crescimento e a inovação exigem um equilíbrio entre a execução eficaz e a busca por novos conhecimentos.

De uma forma geral, incentivamos líderes a "trabalhar" 80% do tempo na *zona de desempenho* e 20% na *zona de aprendizagem*. Mas isso depende muito do cenário. Em alguns momentos, quando as coisas não estiverem funcionando, devemos passar o inverso (80% do tempo na *zona de aprendizagem*) até descobrirmos formas diferentes de realizar a atividade e começarmos a obter novos resultados positivos. Mas, se as coisas já estiverem funcionando, a métrica de dedicar 20% para a *aprendizagem* tem se mostrado bem eficaz, sem comprometer o desempenho.

Dicas de atividades relacionadas à *zona de desempenho*:

- Realizar reuniões regulares de *status* e planejamento para definir metas, prioridades e estratégias de curto prazo. Isso ajuda a equipe a manter o foco e a alinhar seus esforços com os objetivos organizacionais;
- Atribuir projetos cruciais à equipe e monitorar sua execução. Certifique-se de que os projetos estejam alinhados com os objetivos estratégicos e que os prazos sejam cumpridos;
- Realizar apresentações para clientes ou partes interessadas para demonstrar produtos, serviços ou resultados. Isso envolve a aplicação de habilidades de comunicação e persuasão;
- Fornecer treinamento específico em habilidades técnicas relevantes para o trabalho da equipe, permitindo que eles melhorem suas competências profissionais;
- Se a equipe estiver envolvida em vendas ou negociações, promover atividades práticas de vendas e simulações de negociação para aprimorar suas habilidades nessa área;
- Simular cenários de crises ou casos de emergência relevantes para o setor e observar como a equipe lida com essas situações de alto estresse;
- Realizar auditorias e avaliações regulares da qualidade do trabalho da equipe para garantir que os padrões e as melhores práticas estejam sendo seguidos;

- Liderar o lançamento de novos produtos ou serviços e avaliar o desempenho da equipe em termos de execução e resultados;
- Desenvolver a capacidade da equipe de gerenciar prazos e recursos de forma eficaz para garantir a entrega oportuna de projetos e tarefas;
- Criar competições internas ou desafios que testem as habilidades da equipe em áreas específicas do trabalho, incentivando um desempenho excepcional.

Atividades relacionadas à *zona de aprendizagem*:

- Realizar sessões regulares de *brainstorming* para gerar novas ideias e soluções para desafios específicos do projeto ou do departamento;
- Após a conclusão de um projeto, realizar uma revisão em equipe para avaliar o que funcionou bem, o que poderia ser melhorado e quais lições podem ser aprendidas para projetos futuros;
- Permitir que membros da equipe conduzam apresentações ou treinamentos internos sobre tópicos relevantes para seus colegas. Isso promove a disseminação de conhecimento interno e o desenvolvimento das habilidades de comunicação;
- Iniciar um grupo de discussão de livros dentro da equipe. Escolha livros relacionados ao seu setor ou ao desenvolvimento profissional, e discuta os *insights* e aplicações práticas neles presentes;
- Encorajar a mentoria cruzada, na qual membros da equipe com diferentes conjuntos de habilidades ou experiências compartilham conhecimento e orientação uns com os outros;
- Analisar estudos de caso relevantes para sua empresa ou área de atuação. Isso ajuda a equipe a aplicar teorias e estratégias aprendidas na resolução de problemas reais;
- Apresentar desafios ou problemas relacionados ao trabalho e promover sessões de resolução de problemas em grupo. Isso incentiva a colaboração e o pensamento crítico;
- Realizar rodadas regulares de *feedback* 360º, nas quais cada membro da equipe recebe *feedback* de colegas, superiores e subordinados.

Isso auxilia no desenvolvimento pessoal e na identificação de áreas para melhoria;

- Atribuir projetos que estejam ligeiramente além das habilidades atuais da equipe, incentivando o aprendizado durante o processo de execução. Certifique-se de fornecer orientação e recursos conforme necessário;
- Dedicar tempo para discutir as tendências emergentes de seu seguimento, ou no mercado em geral. Isso ajuda a manter a equipe atualizada e aberta a novas ideias e abordagens.

Neste ponto, é importante lembrar que essas atividades são exemplos sugeridos, e que um líder pode adaptá-las de acordo com as necessidades e características da equipe, buscando sempre o equilíbrio entre a *zona de desempenho* e a de *aprendizagem*.

A BUSCA DE INSPIRAÇÃO PARA POTENCIALIZAR SUA EQUIPE

Se você é um líder em busca de inspiração para potencializar sua equipe, este é o momento de embarcar nessa aventura de conhecimento e autodescoberta. Abra sua mente para mais um novo paradigma de liderança, no qual os protagonistas serão seus liderados e o aprendizado será a bússola que aponta para o sucesso.

Suas atividades e reuniões devem ser cuidadosamente elaboradas e devem conter elementos que estimulem sua equipe a solucionar problemas e a estar alinhada às necessidades estratégicas e desafios enfrentados em tempo real. Ao ancorar o aprendizado nas experiências e sugestões da sua equipe, você despertará um novo senso de propósito e relevância na mente de todos.

LIDERANÇA COMO AGENTE DE CRESCIMENTO E DE DESENVOLVIMENTO

Quando nos capacitamos e desenvolvemos as habilidades necessárias para facilitar a aprendizagem da nossa equipe, criamos um ambiente tanto de desenvolvimento profissional quanto pessoal. O líder passa a desempenhar um papel fundamental nesse contexto, incentivando e apoiando o crescimento da sua equipe e promovendo a aquisição de novos conhecimentos e habilidades. Isso não apenas beneficia os indivíduos, mas também a empresa como um todo, ao aumentar o nível de competência geral de todos.

Dessa forma, a organização que investe nesse tipo de desenvolvimento de lideranças, que trabalham o crescimento individual dos colaboradores, cria um ciclo virtuoso de aprendizagem contínua, inovação e resultado exponencial. A consequência disso é uma equipe mais engajada, pensante, proativa, inovadora e motivada, que contribui de forma mais significativa para os objetivos e o sucesso da organização, além de criar um celeiro de novos líderes.

FORMAÇÃO DE UM CELEIRO DE NOVOS LÍDERES

Com o passar do tempo, líderes perceberão que passarão, com o tempo, a serem um mero facilitador no processo de aprendizado, uma vez que a equipe se torna protagonista graças à maturidade e à independência adquiridas com esse processo. Inclusive, esse movimento passa a ser vital para criar um celeiro de novos líderes, uma vez que é graças a ele que se desenvolve a capacidade de analisar cenários, resolver problemas e tomar decisões. Estas são competências vitais, pré-requisitos para uma posição de liderança. Um líder/gestor passa a maior parte do tempo fazendo exatamente isso: analisando cenários, resolvendo problemas e tomando decisões; porém, no formato tradicional, ele o faz praticamente sozinho. Por isso é tão importante desenvolver esse senso crítico na equipe, principalmente a capacidade de resolver problemas.

Contudo, o grande "pulo do gato" para o desenvolvimento de sucessores ou novos líderes é convidar o seu time para ajudar a resolver os seus "problemas" – os seus desafios e desafios do setor. Dessa forma, elevaremos o nível de consciência para um novo patamar. Para um nível "acima".

Esse salto lhe permitirá a obtenção de mais maturidade e conexão com o setor, entendendo e compartilhando seus pontos de vistas, trazendo um olhar mais estratégico para a equipe e, principalmente, percebendo potenciais talentos – aqueles que mais se conectam e se alinham à cultura de pensamento e valores da organização onde trabalham, bem como aqueles que mais se aproximam da sua filosofia e do seu estilo de trabalho, e que se destacarão como possíveis sucessores quando chegar o momento certo.

Desenvolver novos líderes (e talvez até sucessores) requer trazer essas pessoas para entender, discutir e perceber as necessidades e desafios em um nível "acima". Demanda não somente ajudá-los a resolver os próprios problemas e adversidades, mas também discutir, por exemplo, como resolveriam os problemas que você, como líder, está enfrentando. Um outro nível de conversa, uma maior complexidade de problemas, um maior risco envolvido nas decisões.

Agora, imagine-se no comando de uma equipe engajada e altamente produtiva, na qual a inovação floresce, a criatividade flui e os resultados ultrapassam todas as expectativas. Então, imagine que você possui o conhecimento para criar essa realidade, a habilidade para moldar uma cultura que promove o protagonismo, e uma visão clara para liderar sua organização rumo ao sucesso exponencial.

CONCLUSÃO:

A ciência do desempenho e crescimento exponencial nos mostra que é na *zona de aprendizado* que o potencial de inovação, melhoria e excelência é desbloqueado. Ao buscar novos desafios, experimentar abordagens diferentes e aprender com as experiências, tanto indivíduos quanto organizações podem alcançar resultados extraordinários. A chave está em abraçar a jornada de aprendizado contínuo e estar disposto a sair das *zonas de desempenho* e de *conforto* em busca do crescimento exponencial como time, como líder e como empresa.

DESAFIO
DO CAPÍTULO

Atividade proposta

Escolha uma atividade que você ainda não realiza de maneira constante com o seu time, mas que poderia gerar algum resultado significativo para você, para sua equipe e para a empresa da qual você faz parte.

Escolha uma atividade relacionada à *zona de desempenho* e outra, à *de aprendizagem*, e as inclua na sua rotina de atividades de gestão, mantendo a disciplina por noventa dias. Após esse período, compartilhe com outros líderes seus resultados e aprendizados. Dessa forma, poderá incentivar outros colegas a fazerem o mesmo, participando desse movimento de mudança junto com você.

Atividades relacionadas à *zona de desempenho*:

- Realizar reuniões regulares de *status* e planejamento para definir metas, prioridades e estratégias de curto prazo. Isso ajuda a equipe a manter o foco e a alinhar seus esforços com os objetivos organizacionais;
- Atribuir projetos cruciais à equipe e monitorar sua execução. Certifique-se de que os projetos estejam alinhados com os objetivos estratégicos, e que os prazos sejam cumpridos;
- Realizar apresentações para clientes ou partes interessadas para demonstrar produtos, serviços ou resultados. Isso envolve a aplicação de habilidades de comunicação e persuasão;
- Fornecer treinamento específico em habilidades técnicas relevantes para o trabalho da equipe, permitindo que os participantes melhorem suas competências profissionais;

- Se a equipe estiver envolvida em vendas ou negociações, promover atividades práticas de vendas e simulações de negociação para aprimorar suas habilidades nessa área;
- Simular cenários de crises ou situações de emergência relevantes para o setor, observando como a equipe lida com essas situações de alto estresse;
- Realizar auditorias e avaliações regulares da qualidade do trabalho da equipe para garantir que os padrões e as melhores práticas estejam sendo seguidos;
- Liderar o lançamento de novos produtos ou serviços e avaliar o desempenho da equipe em termos de execução e resultados;
- Desenvolver a capacidade da equipe em gerenciar prazos e recursos de forma eficaz para garantir a entrega oportuna de projetos e tarefas;
- Criar competições internas ou desafios que testem as habilidades da equipe em áreas específicas do trabalho, incentivando o desempenho excepcional.

Atividades relacionadas à *zona de aprendizagem*:

- Realizar sessões regulares de *brainstorming* para gerar novas ideias e soluções para desafios específicos do projeto ou do departamento;
- Após a conclusão de um projeto, realizar uma revisão em equipe para avaliar o que funcionou bem, o que poderia ser melhorado e quais lições podem ser aprendidas para projetos futuros;
- Permitir que membros da equipe conduzam apresentações ou treinamentos internos sobre tópicos relevantes para seus colegas. Isso promove a disseminação de conhecimento interno e o desenvolvimento das habilidades de comunicação;
- Iniciar um grupo de discussão de livros dentro da equipe. Escolha livros relacionados ao seu setor ou ao desenvolvimento profissional e discuta os *insights* e aplicações práticas;
- Encorajar a mentoria cruzada, na qual membros da equipe com diferentes conjuntos de habilidades ou experiências compartilham conhecimento e orientação uns com os outros;

- Analisar estudos de caso relevantes para sua indústria ou área de atuação. Isso ajuda a equipe a aplicar teorias e estratégias aprendidas na resolução de problemas reais;
- Apresentar desafios ou problemas relacionados ao trabalho e promover sessões de resolução de problemas em grupo. Isso incentiva a colaboração e o pensamento crítico;
- Realizar rodadas regulares de *feedback* 360º, nas quais cada membro da equipe recebe *feedback* de colegas, superiores e subordinados. Isso ajuda no desenvolvimento pessoal e na identificação de áreas para melhoria;
- Atribuir projetos que estejam ligeiramente além das habilidades atuais da equipe, incentivando o aprendizado durante o processo de execução. Certifique-se de fornecer orientação e recursos conforme for necessário;
- Dedicar tempo para discutir as tendências emergentes em sua indústria ou no mercado em geral. Isso ajuda a manter a equipe atualizada e aberta a novas ideias e abordagens.

CAPÍTULO **05.**

MOTIVAÇÃO 3.0 COMO COMBUSTÍVEL PARA MUDANÇAS

Guiar equipes eficazes significa cultivar um ambiente no qual o propósito é claro, a autonomia é valorizada, o domínio é buscado e a maestria é a recompensa. Sem esses elementos, não obteremos mais do que o "mesmo de sempre". Se é suficiente, eu não sei, mas é bem menos motivador do que aprender e superar-se.

ANDRÉ GIROTTO

O VERDADEIRO PROPÓSITO DO TRABALHO É TORNAR-SE VOCÊ MESMO

Neste capítulo, embarcaremos em uma jornada para desvendar o enigma da motivação, compartilhando um conhecimento valioso que os cientistas sociais já sabem, mas que a maioria dos gestores desconhecem. Prepare-se para descobrir os segredos que impulsionam a motivação humana, aprendendo ao longo do caminho como aplicar esse conhecimento de forma simples, prática e rápida.

Para nos ajudar nessa jornada, seguiremos os passos de importantes estudiosos da psicologia humana, principalmente de Daniel H. Pink, renomado autor e palestrante norte-americano, reconhecido por suas contribuições no campo da motivação e do desempenho humano. Seu trabalho revolucionário desafia conceitos tradicionais sobre o que realmente motiva as pessoas no ambiente de trabalho. Em seu livro *Motivação 3.0 – Drive: A surpreendente verdade sobre o que nos motiva* (ed. Sextante, 2019)[1], Pink apresenta ideias inovadoras baseadas em pesquisas sobre a natureza da motivação intrínseca.

PARA ALÉM DA SOBREVIVÊNCIA

Na década de 1940, o psicólogo norte-americano Abraham Maslow, em artigo publicado pela *Psychological Review*, sugeriu que haveria cinco níveis de necessidades humanas, como numa pirâmide. A mais básica delas sendo a fisiológica, ligada às necessidades de sobrevivência. Estas serviriam como um primeiro nível de motivação para nossas ações, chamemos aqui de Motivação 1.0.

À medida que os seres humanos formavam sociedades mais complexas, nas quais se deparavam com estranhos e precisavam cooperar para resolver questões, um sistema operacional baseado puramente no impulso biológico se tornou insuficiente. Além disso, como seres culturais e simbólicos, nós – humanos – somos mais do que nossas necessidades biológicas. Ainda que o impulso pela sobrevivência seja relevante, já não é suficiente para explicar plenamente quem somos.

1 *Drive: The Surprising Truth About What Motivates Us*, publicado nos Estados Unidos em 2010 pela editora Canongate Books.

Também somos guiados pela busca por recompensas e pela esquiva de punições de forma mais ampla.

Foi a partir dessa percepção que surgiu um novo sistema operacional, a Motivação 2.0. Aproveitar esse segundo impulso foi essencial para o progresso econômico em todo o mundo, especialmente nos últimos dois séculos, durante o desenvolvimento da segunda Revolução Industrial. Progressos tecnológicos, como motores a vapor, ferrovias e a difusão da energia elétrica desempenharam um papel essencial no crescimento da indústria. No entanto, outras inovações menos tangíveis também foram fundamentais, a exemplo da abordagem criada no início do século XIX por Frederick Winslow Taylor (1856-1915), engenheiro norte-americano considerado o pai da "administração científica".

Essa abordagem consistia em um tipo de *software* habilmente composto para operar na plataforma da Motivação 2.0. Nesse sistema, amplamente adotado em sua época, acreditava-se que os trabalhadores eram como "peças de uma máquina complexa": se eles executassem o trabalho corretamente, do jeito certo e no momento certo, a "máquina" funcionaria perfeitamente. Para alcançar esse objetivo, bastava recompensar o comportamento desejado e punir o indesejado. Esperava-se que pessoas reagissem de forma racional a essas forças externas – os motivadores extrínsecos –, e tanto elas quanto o próprio sistema prosperariam.

Apesar de frequentemente apontarmos o carvão e o petróleo como os combustíveis do desenvolvimento econômico, em certo sentido, o motor do comércio também foi alimentado pelo chamado "sistema da cenoura ou do chicote" – ou seja, o que operava por recompensas e punições.

FUNCIONAVA BEM, EXTREMAMENTE BEM, ATÉ NÃO FUNCIONAR MAIS

O sistema operacional Motivação 2.0 foi predominante por um período muito longo, e não estaríamos errados em afirmar que ele permanece tão arraigado em nossa vida que a maioria das pessoas mal reconhece sua existência. Há tempos temos configurado nossas organizações e construído nossa vida em torno de seu pressuposto fundamental: a forma de melhorar o desempenho, aumentar a produtividade e incentivar a excelência é recompensar os bons e punir os maus.

Apesar de ser mais sofisticado que as motivações primordiais dos nossos antepassados e almejar objetivos mais elevados, o sistema Motivação 2.0 não é exatamente edificante, pois, em última análise, sugere que os seres humanos não são muito diferentes dos cavalos – para nos fazer continuar avançando na direção "certa", basta oferecer uma cenoura mais saborosa ou bater um chicote mais forte. No entanto, o que lhe faltava em esclarecimento, esse sistema compensava com eficácia. Funcionava bem, extremamente bem, até não funcionar mais.

Com o avançar do século XX, à medida que as economias se tornavam ainda mais complexas e as pessoas precisavam empregar habilidades novas e mais sofisticadas, a abordagem da Motivação 2.0 começou a encontrar certa resistência. Um exemplo disso aparece na década de 1950, quando Maslow, ex-aluno de Harry Harlow[2] na Universidade de Wisconsin, gera desenvolvimentos dentro do campo da psicologia humanística, questionando a ideia de que o comportamento humano se limitava a buscar estímulos positivos e evitar estímulos negativos.

Em 1960, o professor de administração do Instituto de Tecnologia de Massachusetts (MIT) Douglas McGregor importou algumas das ideias de Maslow para o mundo dos negócios, mas desafiando os pressupostos de que os seres humanos são fundamentalmente inertes – que não fariam muita coisa se não houvesse recompensas e punições externas. McGregor afirmava que as pessoas teriam outros impulsos, até mais elevados, e esses poderiam beneficiar as empresas se os gestores e líderes os respeitassem. Graças, em parte, a esse pesquisador, o modelo de administração de empresas evoluiu um pouco. As normas de vestuário ficaram mais descontraídas; os cronogramas, mais flexíveis. Muitas organizações buscaram meios de conceder aos funcionários maior autonomia e ajudá-los a crescer. Esses aperfeiçoamentos corrigiram algumas fraquezas, porém mais representaram uma melhoria modesta do que uma atualização completa: era a Motivação 2.1.

2 Harry Harlow (1905-1981) foi um psicólogo norte-americano famoso por seus experimentos com macacos que expunham o grau elevado de importância que o cuidado e o companheirismo têm no desenvolvimento cognitivo.

RAZÕES PELAS QUAIS RECOMPENSAS E PUNIÇÕES (GERALMENTE) NÃO FUNCIONAM

Na ausência de forças externas, um objeto em movimento permanece em movimento, e um objeto em repouso permanece em repouso. Essa é a primeira Lei de Newton. Assim como as outras leis propostas por esse famoso físico inglês, ela é elegante e simples (o que contribuiu para seu poder; afinal, mesmo pessoas como eu, que penaram para estudar física no Ensino Médio, conseguem entendê-la e usá-la para interpretar o mundo).

A Motivação 2.0 funciona em um estilo semelhante. Em seu âmago estão duas ideias elegantes e simples: quando se recompensa alguém por uma tarefa bem realizada, reforça-se que esta continue sendo realizada da mesma maneira; já quando se pune alguém por um trabalho malfeito, faz-se que o erro não seja repetido. E, assim como os princípios de Newton podem nos ajudar a explicar nosso ambiente físico ou a descrever a trajetória de uma bola lançada, os princípios da Motivação 2.0 podem nos ajudar a compreender nosso ambiente social e prever a trajetória do comportamento humano. Mas a física newtoniana encontra problemas no nível subatômico, quando a física quântica passa a fazer mais sentido. A Motivação 2.0 é semelhante também nesse aspecto. Quando recompensas e punições se deparam com nossos desejos mais subjetivos, algo como uma mecânica quântica comportamental parece assumir o controle.

Claro que o ponto de partida de qualquer discussão sobre motivação no local de trabalho é o simples fato de que as pessoas precisam "ganhar a vida". Salário, pagamentos contratuais, alguns benefícios, umas poucas mordomias são o que denomino "recompensas básicas". Se as recompensas básicas de alguém não são adequadas ou justas, seu foco se voltará para a injustiça de sua situação e a angústia de sua circunstância. Nesse caso, não veremos nem a previsibilidade da motivação extrínseca nem a estranheza da motivação intrínseca. Veremos pouquíssima motivação. Mas, uma vez transposto esse limiar, recompensas e punições podem conduzir exatamente ao oposto de seus objetivos. Mecanismos projetados para aumentar a motivação podem enfraquecê-la; táticas visando promover a criatividade podem reduzi-la; programas para promover boas ações podem fazê-las desaparecer.

Quanto ao comportamento negativo, esses mecanismos podem, em vez de refreá-lo, ampliá-lo, dando origem à desonestidade, ao vício e ao perigoso pensamento "míope". Isso é estranho, e não ocorre em todas as circunstâncias (falaremos mais sobre isso adiante neste capítulo). Porém, como demonstra o experimento de Edward Deci com o Cubo Soma[3], muitas práticas que consideramos certas produzem resultados inesperados: elas podem nos fornecer menos do que queremos e mais do que não queremos. Esses são os *bugs* do sistema de Motivação 2.0.

Seguindo os passos de Deci, estudiosos do comportamento começaram a descobrir o Efeito Sawyer[4] quase quarenta anos atrás, embora não o chamassem assim naquele momento. Eles se referiam às consequências inesperadas dos incentivos extrínsecos como "os ônus ocultos das recompensas" (*the hidden costs of rewards*). Esse, não por acaso, foi o título de uma pesquisa organizada pelos psicólogos Mark Lepper e David Greene chamada *The Hidden Costs of Reward – New Perspectives on the Psychology of Human Motivation*, considerada o primeiro livro sobre esse tema. Publicado em 1978, e com contribuições de Robert Nisbett[5], o texto de Lepper e Greene se tornou um clássico da área e um dos mais citados na literatura motivacional.

3 A resolução do Cubo Soma tem sido utilizada como uma tarefa para medir o desempenho e o esforço de indivíduos em uma série de experimentos de psicologia. Nessas experiências, os participantes são solicitados a resolver um Cubo Soma tantas vezes quanto possível dentro de um tempo determinado. Por exemplo, em 1969, Edward Deci, na época assistente de ensino na Universidade Carnegie Mellon, solicitou a seus participantes de pesquisa que resolvessem um Cubo Soma sob diferentes incentivos, como parte de seu trabalho de tese sobre motivação intrínseca e extrínseca, estabelecendo a teoria psicológica social do deslocamento.

4 Expressão inspirada no livro As aventuras de *Tom Sawyer*, de Mark Twain. Essa referência se relaciona à prática de "transformar brincadeira em trabalho ou transformar trabalho em brincadeira". Em essência, destaca a ideia de tornar as atividades, muitas vezes percebidas como tediosas, mais atraentes e envolventes. É uma abordagem que busca incorporar elementos lúdicos, criativos ou motivacionais às tarefas, de modo a torná-las mais prazerosas e, por consequência, mais eficazes.

5 Robert Nisbett (1913-1996) foi um sociólogo norte-americano conhecido por seus estudos sobre o papel do individualismo nas sociedades modernas.

EXPERIMENTO PARA TESTAR O EFEITO DE RECOMPENSAR UMA ATIVIDADE

Lepper, Greene e Nisbett observaram uma turma da pré-escola por diversos dias e identificaram as crianças que optavam por passar todo o "recreio" desenhando. Depois, criaram um experimento para testar o efeito de recompensar por uma atividade que elas claramente apreciavam.

As crianças foram divididas em três grupos. O primeiro foi o da "recompensa esperada": eles mostraram a cada uma um certificado de "Artista nota 10" (adornado com uma fita azul e contendo o nome da criança), prometido como prêmio por um desenho. O segundo grupo foi o da "recompensa inesperada": os pesquisadores perguntaram a essas crianças simplesmente se elas queriam desenhar, e, se elas dissessem que sim, receberiam o certificado no fim da sessão. O terceiro grupo foi o "sem recompensa": os pesquisadores perguntaram a essas crianças se elas queriam desenhar, mas não prometeram nenhum certificado no início, nem o deram no final.

Duas semanas depois, os professores distribuíram papel e canetinhas durante o recreio da pré-escola, enquanto os pesquisadores observavam as crianças sem que elas soubessem. Os grupos de "recompensa inesperada" e "sem recompensa" desenharam tanto quanto antes do experimento, e com o mesmo prazer. Mas, no primeiro grupo, as crianças que receberam a recompensa previamente mostraram bem menos interesse e passaram bem menos tempo desenhando. Era o Efeito Sawyer em ação. Mesmo após duas semanas, aqueles prêmios atraentes, tão comuns em salas de aula e escritórios, haviam transformado diversão em trabalho.

Para sermos claros, não foram necessariamente as próprias recompensas que reduziram o interesse das crianças. Lembre-se: quando elas não esperavam gratificação, recebê-la teve pouco impacto sobre sua motivação intrínseca. Somente recompensas contingentes, do tipo "se você fizer isto, receberá aquilo", tiveram efeito negativo. Mas qual a razão disso?

Recompensas do tipo "desde que" ("desde que você faça isto, lhe darei aquilo"), impõem às pessoas que abram mão de parte de sua autonomia. Tal como os cavalheiros ingleses que conduziam carruagens por dinheiro, e não por prazer, elas já não estão mais controlando plenamente a própria vida. E isso pode ser um furo no fundo do balde de motivação, drenando o prazer de uma atividade.

Tente encorajar uma criança a aprender matemática pagando-lhe por cada página de exercícios feita: é quase certo que ela se tornará mais diligente em curto prazo, mas, no longo prazo, possivelmente perderá o interesse pela disciplina. Tente melhorar o desempenho de um designer que adora seu trabalho condicionando seu pagamento a um produto de sucesso: é quase certo que ele trabalhará feito louco no início, mas com o tempo perderá um pouco do interesse em seu trabalho.

Essa é uma das descobertas mais sólidas em ciências sociais – e também uma das mais ignoradas. Apesar do trabalho de alguns popularizadores hábeis e entusiasmados – em particular, Alfie Kohn, cujo livro *Punidos pelas recompensas* (Atlas, 2019)[6] apresenta uma acusação devastadora contra os incentivos extrínsecos –, persistimos em tentar motivar as pessoas desse modo. Talvez tenhamos medo de deixar para trás a Motivação 2.0, apesar de suas falhas óbvias. Talvez nossa mente não consiga captar a peculiar mecânica quântica da motivação intrínseca. Ou talvez exista uma explicação melhor. Ainda que essas recompensas controladoras ativem o Efeito Sawyer e sufoquem a manifestação de motivações intrínsecas, pode ser que realmente contribuam para um desempenho melhor. Se isso for verdade, talvez não sejam tão ruins assim.

COMPREENSÃO MAIS PROFUNDA DA MOTIVAÇÃO HUMANA

Para realmente entender o impacto das recompensas extrínsecas no desempenho, os pesquisadores conduziram um estudo na Índia. Essa pesquisa buscou examinar de forma mais detalhada como as recompensas influenciam o comportamento das pessoas em diferentes situações. Ao analisar os resultados desse estudo, poderemos obter *insights* valiosos sobre o verdadeiro efeito das recompensas extrínsecas na motivação e no desempenho humano.

6 *Punished by Rewards: The Trouble with Gold Stars, Incentive Plans, A's, Praise, and Other Bribes* foi publicado originalmente em 1993.

Um dos desafios enfrentados pelos experimentos de laboratório que buscam avaliar o impacto dos motivadores extrínsecos, como o dinheiro, é o custo envolvido. Para oferecer recompensas pelo desempenho, é necessário disponibilizar uma quantia significativa, e isso pode se tornar oneroso para os pesquisadores, especialmente em países onde o padrão de vida é alto, como nos Estados Unidos e na Europa. Diante dessa questão, um grupo de economistas decidiu conduzir um estudo em Madurai, na Índia, onde o custo de vida é mais baixo.

O estudo envolveu 87 participantes que foram submetidos a atividades que exigiam coordenação motora, criatividade ou concentração. Para testar o efeito dos incentivos, os pesquisadores ofereceram três tipos de recompensa para os níveis de desempenho alcançados. Um terço dos participantes recebeu uma recompensa pequena, de quatro rupias, outro terço recebeu uma recompensa média, de quarenta rupias, e o último terço recebeu uma recompensa grande, de quatrocentas rupias.

Os resultados surpreenderam. O grupo que recebeu a recompensa mediana não superou o desempenho do grupo que recebeu a recompensa pequena. Além disso, o grupo que recebeu a recompensa mais alta teve o pior desempenho em quase todas as tarefas avaliadas. Isso levou os pesquisadores a concluir que incentivos maiores nem sempre levam a melhores desempenhos.

Essas descobertas vão de encontro com o que muitas empresas acreditam e praticam. Diversas instituições oferecem incentivos financeiros significativos por determinadas tarefas, acreditando que isso melhorará o desempenho de seus funcionários. No entanto, os estudos científicos indicam que esse pressuposto nem sempre se aplica, e que, em muitos casos, os incentivos contingentes podem ter um impacto negativo no desempenho geral.

Incentivos podem ter um impacto negativo no desempenho geral.

Essa constatação se torna ainda mais relevante quando pensamos em tarefas mais criativas e complexas, que são comuns no ambiente de trabalho. Fica claro que a motivação extrínseca, baseada em recompensas financeiras, nem sempre é a solução para impulsionar o alto desempenho em todas as situações. É importante, portanto, repensar as práticas de incentivo e considerar abordagens que valorizem a motivação intrínseca e a autonomia das pessoas no ambiente de trabalho.

A criatividade é uma habilidade e uma qualidade altamente valorizada em diversos campos, desde a arte e a música até os negócios e a ciência. É a capacidade de pensar de forma original, encontrar soluções inovadoras para problemas, criar novos conceitos e produzir algo novo e significativo. A criatividade envolve a combinação de ideias, a conexão de conceitos aparentemente distantes e a coragem de explorar territórios desconhecidos.

A motivação intrínseca desempenha um papel fundamental na estimulação da criatividade. Quando uma pessoa se sente genuinamente interessada e apaixonada pelo que está fazendo, é mais provável que sua criatividade floresça. Nesse contexto, recompensas financeiras ou punições podem, de fato, prejudicar a criatividade. Isso ocorre porque este é um processo complexo e sensível, que requer espaço para experimentação e liberdade de julgamentos externos.

**Sem medo de críticas ou repreensões,
a criatividade tende a florescer.**

Por outro lado, fatores como autonomia e ambiente de trabalho seguro, descritos nos capítulos anteriores, bem como reconhecimento e oportunidades para explorar novas ideias e experimentar são essenciais para estimular a criatividade. Quando as pessoas se sentem encorajadas a expressar suas ideias sem medo de críticas ou repreensões, a criatividade tende a florescer.

As empresas e organizações que buscam fomentar a criatividade em seus colaboradores devem valorizar a motivação intrínseca, proporcionando um ambiente favorável para a experimentação e o desenvolvimento de novas ideias. Além disso, é fundamental promover uma cultura de aprendizado, em que o erro é visto como oportunidade de crescimento, e não como falha.

A criatividade é uma força impulsionadora para a inovação e o progresso em todas as áreas da vida. Ao compreender e nutrir a motivação intrínseca e criar um ambiente favorável à expressão criativa, as empresas podem colher os frutos de mentes brilhantes que trazem novas perspectivas, ideias e soluções que impulsionam o sucesso e a evolução contínua.

Teresa Amabile, uma renomada pesquisadora da Harvard Business School, realizou diversos estudos sobre os efeitos das recompensas contingentes no processo criativo. Em uma de suas pesquisas, ela recrutou 23 artistas profissionais dos Estados Unidos que haviam produzido tantas obras de arte encomendadas quanto não encomendadas. A equipe de Amabile pediu a esses artistas que selecionassem aleatoriamente dez obras de cada tipo.

A alegria de criar possibilita trabalhar por horas a fio, sem sequer perceber o tempo passar.

Feita a escolha, as obras foram posteriormente submetidas a um grupo de artistas e curadores de renome que, sem ter conhecimento do estudo, avaliaram a criatividade e a perícia técnica dos trabalhos. Os resultados foram surpreendentes: as obras encomendadas foram consideradas bem menos criativas em comparação com as não encomendadas, embora não tenham sido avaliadas como diferentes em termos de qualidade técnica. Além disso, os próprios artistas relataram que se sentiram mais restritos ao produzirem obras encomendadas do que ao criarem obras por iniciativa própria.

Um dos artistas entrevistados descreveu o Efeito Sawyer em ação, explicando que, muitas vezes, ao trabalhar em uma obra para outra pessoa, o processo se torna mais "trabalho" do que prazer. Por outro lado, quando trabalha em suas próprias criações, ele sente a pura alegria de criar e é capaz de trabalhar por horas a fio, sem sequer perceber o tempo passar.

Esses resultados indicam que recompensas contingentes, como encomendas artísticas, podem inibir a liberdade criativa e restringir a expressão dos artistas.

A motivação intrínseca de criar por paixão ou prazer parece ser mais potente para o florescimento da criatividade do que a simples recompensa financeira ou a obrigação de atender às demandas de terceiros. A liberdade de criação e a autonomia são fatores essenciais para estimular a verdadeira expressão criativa e alcançar resultados mais genuínos e inovadores em todos os campos, conectando o estado de *flow*, como já falado anteriormente.

COMO CRIAR UM AMBIENTE PROPÍCIO PARA O CRESCIMENTO E O ESTADO DE FLOW

Apresento aqui práticas simples que podem ser aplicadas em diferentes contextos organizacionais, e como elas podem influenciar positivamente a motivação e o desempenho dos colaboradores. Ao adotar essas dicas em seu dia a dia como líder, você criará um ambiente propício para o crescimento profissional, a colaboração e a obtenção de resultados extraordinários.

- **Ofereça autonomia**

  Permita que os colaboradores tenham liberdade para tomar decisões relacionadas ao próprio trabalho. Um exemplo disso é a empresa de tecnologia Google, que implementa a política do "20% de tempo livre", permitindo que os funcionários dediquem parte do seu horário de trabalho a projetos de sua escolha;

- **Estimule a busca pela maestria**

  Incentive os colaboradores a se aprimorarem em suas áreas de atuação. Um exemplo é a empresa de jogos eletrônicos Blizzard Entertainment, que oferece programas de desenvolvimento profissional e incentiva os funcionários a participarem de *workshops* e conferências relacionadas à indústria de *games*;

- **Estabeleça propósito**

  Ajude os colaboradores a compreenderem como o trabalho deles contribui para um propósito maior. Um exemplo é a empresa de alimentos orgânicos Patagonia, que promove a sustentabilidade e estimula os colaboradores a se envolverem em ações e projetos ambientais;

- **Forneça *feedback* significativo**

  Ofereça *feedback* regular e específico, reconhecendo os pontos fortes dos colaboradores. Um exemplo é a empresa de comércio eletrônico Amazon, que utiliza o "*Feedback* 360º", pelo qual os colaboradores recebem avaliações de colegas de trabalho, superiores e subordinados;

- **Promova a colaboração**

  Crie espaços e oportunidades para que as pessoas colaborem umas com as outras. Um exemplo disso é a empresa de tecnologia Microsoft, que utiliza espaços abertos e projetos em equipe para incentivar a colaboração e a troca de ideias entre seus funcionários;

- **Estimule a criatividade**

  Proporcione um ambiente que valorize a criatividade e a geração de novas ideias. A empresa de design e inovação IDEO utiliza os métodos de *brainstorming* e de *design thinking* para estimular a criatividade e a resolução de problemas em equipe;

- **Proporcione desafios significativos**

  Ofereça tarefas desafiadoras que estimulem os colaboradores a superarem seus limites. Um exemplo é a empresa de consultoria McKinsey & Company, que atribui projetos complexos aos seus consultores, proporcionando a oportunidade de enfrentarem desafios profissionais e desenvolverem habilidades de resolução de problemas;

- **Reconheça o progresso**

  Celebre as conquistas e os marcos alcançados pelos colaboradores. Um exemplo disso é a empresa de varejo Zappos, que promove eventos de reconhecimento, premiando os colaboradores por suas contribuições e resultados;

- **Incentive a aprendizagem contínua**

  Estimule os colaboradores a buscarem oportunidades de aprendizado e desenvolvimento. Por exemplo, a empresa de tecnologia Salesforce oferece uma plataforma *on-line* de aprendizagem na qual os funcionários podem acessar cursos e conteúdos relevantes para sua área de atuação;

- **Promova um ambiente de confiança**

  Construa um ambiente de trabalho baseado na confiança mútua. A empresa de eletrônicos e inovação Apple é conhecida por sua cultura de confiança, na qual os colaboradores têm liberdade para expressar suas opiniões e ideias, promovendo um clima de trabalho colaborativo.

CONCLUSÃO:

Este capítulo unifica e fortalece os elementos citados nos capítulos anteriores. Ao criar um propósito, estamos gerando um desafio que faz sentido para os indivíduos – uma das premissas do *flow* –, dando-lhes autonomia para que pensem em soluções. Estamos com isso também exercitando a segurança psicológica e a *zona de aprendizagem*. À medida que as pessoas começam a dominar algo novo, tornam-se mais protagonistas (como proposto pela andragogia) e passam a ter uma sensação de êxtase e felicidade autênticos, exatamente como descrita por Mihaly Csikszentmihalyi. Por isso, entender como esses pilares estão ligados e como formam uma corrente em direção a resultados exponenciais faz toda a diferença. Os líderes que dominarem essas ferramentas serão capazes de transformar o mundo.

DESAFIO DO CAPÍTULO

Atividade proposta

O desafio aqui será uma atividade específica e de aplicação prática, chamada Stakeholder Maps, na etapa de formação do líder da classe *Expedicionário*. Nela, o intuito é entender o propósito do setor, mapear oportunidades de melhorias com base nas necessidades dos principais *stakeholders* e dar autonomia para que a equipe proponha soluções para se atingir uma excelência operacional no setor.

Com isso, os participantes serão estimulados a aprender novos conhecimentos e habilidades, dominando um conceito ou prática nova. Com o tempo, serão incentivados pelos resultados positivos advindos desse conhecimento e conseguirão atingir a maestria e o estado de *flow*.

Aguarde, pois estamos quase lá. Por hora, continue para o próximo capítulo, que irá lhe fornecer os últimos insumos para realização das práticas incríveis propostas.

CAPÍTULO **06.**

A MAIOR FONTE DE INSPIRAÇÃO PARA INOVAR SÃO OS NOSSOS ***STAKEHOLDERS***

“

O ponto de partida para conquistar grandes feitos está na escolha de um propósito comum que nos inspire a trilhar o caminho da grande jornada de realizações e conquistas. Sem ele, sem um norte, a incerteza com relação à direção irá nos paralisar. Afinal, é difícil embarcar em uma viagem na qual não sabemos para onde vamos e nem o porquê.

ANDRÉ GIROTTO

”

Quero começar relembrando a "Carta aos CEOs 2019", escrita por Larry Fink, presidente e CEO da BlackRock, na qual ele destaca a importância de entender o propósito empresarial de **criar valor todos os dias para os nossos *stakeholders***.

O documento ressalta que as empresas devem ter um propósito claro e alinhado com os interesses de todas as partes envolvidas, incluindo clientes, funcionários, fornecedores, acionistas e a comunidades.

Segundo Fink, elas precisam ir além do objetivo de apenas gerar lucro financeiro de curto prazo, devendo também se comprometer em buscar o benefício de longo prazo para todos os seus *stakeholders*. Isso implica em uma abordagem mais abrangente, que considere não apenas o desempenho financeiro, mas também o impacto social e ambiental das atividades da empresa.

Infelizmente, nem todos os líderes compartilham dessa visão. De acordo com um levantamento da Bain & Company, apenas 10% dos líderes acreditam que o propósito central de sua empresa seja maximizar o valor para os seus clientes, por exemplo. Uma grande parte deles ainda atua de acordo com a antiga mentalidade do "financeiro em primeiro lugar", que prioriza a maximização do valor para o acionista.

Nos últimos anos, um número ainda maior de empresas vem tentando adotar um *balanced scorecard* para atender a diversos *stakeholders*: clientes, funcionários, fornecedores, investidores, meio ambiente e sociedade.

Muito se fala hoje da sigla ESG, que se refere a três fatores principais que as empresas consideram em suas práticas de responsabilidade corporativa e sustentabilidade. Os três componentes do ESG são:

- **Ambiental (*Environmental*)**

  Este fator se concentra nas práticas e políticas de uma empresa relacionadas ao meio ambiente. Isso pode incluir a gestão de recursos naturais, a redução da pegada de carbono, a conservação da biodiversidade, a eficiência energética e o gerenciamento de resíduos;

- **Social (*Social*)**

  O componente social do ESG aborda questões relacionadas às práticas de gestão de recursos humanos e às relações com as partes interessadas. Isso inclui preocupações com a diversidade e inclusão no local de trabalho, direitos humanos, práticas trabalhistas justas, relações comunitárias e bem-estar dos funcionários;

- **Governança (*Governance*)**

  A governança se refere à estrutura de liderança e à tomada de decisões dentro de uma empresa. Isso abrange questões como a transparência, a independência do conselho de administração, a responsabilidade dos acionistas, a ética corporativa e a conformidade regulatória.

As empresas que adotam uma abordagem ESG estão comprometidas em operar de forma responsável e sustentável, levando em consideração não apenas seus lucros financeiros, mas também os impactos ambientais e sociais de suas operações. Cada vez mais os investidores têm considerado os critérios ESG ao tomar decisões de investimento, pois acreditam que empresas com boas práticas desse tipo podem ser mais resilientes no longo prazo, gerando retornos financeiros sólidos, enquanto também contribuem para o bem-estar da sociedade e do planeta.

CRIAR VALOR TODOS OS DIAS PARA OS *STAKEHOLDERS*

Ao criar valor todos os dias para os *stakeholders*, as empresas estão demonstrando seu compromisso em atender às necessidades e expectativas desses grupos. Isso pode ser alcançado por meio de uma série de ações, como oferecer produtos e serviços de qualidade, proporcionar um ambiente de trabalho seguro e saudável para os funcionários, adotar práticas comerciais éticas, contribuir para o desenvolvimento das comunidades locais e mitigar os impactos ambientais negativos.

Essa abordagem baseada em criar valor para os *stakeholders* traz diversos benefícios. Ela fortalece a confiança dos clientes na marca, aumenta a lealdade dos funcionários, melhora a reputação da empresa e pode até mesmo gerar retornos financeiros sustentáveis no longo prazo.

Além disso, essa perspectiva mais ampla também ajuda as empresas a antecipar e lidar de forma mais eficaz com os riscos e desafios que enfrentam, à medida que se adaptam às mudanças sociais, tecnológicas e ambientais.

Perspectiva mais ampla também ajuda.

Em resumo, a "Carta aos CEOs 2019" escrita por Fink destaca a importância do propósito empresarial de criar valor todos os dias para os *stakeholders*. Ela ressalta a necessidade de uma abordagem de negócios mais ampla, que leve em consideração não apenas o lucro financeiro, mas também o impacto social e ambiental das atividades da empresa. Ao adotar esse propósito, as empresas têm a oportunidade de construir uma base sólida para um crescimento sustentável e de longo prazo.

Os *stakeholders* são uma fonte valiosa de inspiração para a inovação diária, pois representam as partes interessadas mais impactadas e envolvidas em nossos negócios. Aqui estão algumas razões pelas quais os *stakeholders* são uma grande fonte de inspiração para inovar.

VAMOS ENTENDER MELHOR O QUE SÃO *STAKEHOLDERS*

Stakeholders são indivíduos ou grupos que possuem interesse ou são afetados pelas atividades e decisões de uma empresa. Eles podem influenciar ou ser influenciados por objetivos, estratégias e resultados da organização. Aqui estão alguns exemplos de *stakeholders* comumente considerados pelas empresas:

- **Clientes**: são aqueles que consomem os produtos ou serviços de uma dada empresa e possuem expectativas em relação à qualidade do produto, ao preço e ao atendimento, entre outros;
- **Acionistas/investidores**: são os proprietários de uma empresa; aqueles que possuem participação acionária ou investimentos na organização e têm interesse no retorno financeiro e na valorização de seus investimentos;

- **Colaboradores/funcionários**: são os membros da equipe de uma empresa. Eles contribuem para o funcionamento e o sucesso do negócio e têm expectativas em relação a salários, benefícios, ambiente de trabalho e desenvolvimento profissional, entre outros;
- **Fornecedores**: são as empresas ou indivíduos que fornecem insumos, matérias-primas, serviços ou produtos necessários para a operação de uma empresa;
- **Comunidade local**: refere-se à população local que é afetada pelas atividades de uma empresa, incluindo moradores, associações comunitárias e órgãos governamentais locais;
- **Governo**: representa os órgãos governamentais e reguladores que estabelecem políticas, regulamentos e legislações que impactam as atividades de uma empresa;
- **Parceiros de negócios**: são outras empresas ou organizações com as quais uma empresa tem relações comerciais, como *joint ventures*, alianças estratégicas ou acordos de cooperação;
- **Meio ambiente**: refere-se aos recursos naturais e ao ecossistema, elementos que podem ser impactados pelas operações da empresa, por exemplo, graças a ações de sustentabilidade e responsabilidade ambiental;
- **Mídia e opinião pública**: engloba os veículos de comunicação, jornalistas e influenciadores que podem influenciar a imagem e reputação de uma empresa por meio de notícias, reportagens e opiniões.

CRIAR UM PROPÓSITO COM FOCO EM ATENDER E GERAR VALOR

Criar um propósito com foco em atender e gerar valor para os *stakeholders* significa definir um objetivo central para a organização que vai além do lucro financeiro e busca beneficiar todas as partes interessadas envolvidas, como clientes, funcionários, fornecedores, comunidade e meio ambiente. Aqui estão algumas vantagens de ter um propósito voltado para as necessidades dos nossos *stakeholders*:

- **Clareza e engajamento dos colaboradores**: ter um propósito claro e significativo ajuda a envolver os funcionários, oportunizando a eles um senso de propósito maior em seu trabalho. Isso pode levar a um aumento da motivação, satisfação e produtividade;
- **Atração e retenção de talentos**: um propósito voltado para os *stakeholders* pode ser um diferencial na atração e retenção de talentos. Profissionais buscam organizações que tenham um impacto positivo no mundo e valorizem o bem-estar de seus *stakeholders*;
- **Melhoria da reputação e imagem da marca**: uma organização com um propósito claro e alinhado aos interesses dos *stakeholders* tende a construir uma reputação positiva e uma imagem de marca forte. Isso pode aumentar a confiança dos consumidores, melhorar a lealdade à marca e atrair novos clientes;
- **Fidelização de clientes**: ao criar valor para os *stakeholders*, incluindo os clientes, a organização pode desenvolver relacionamentos duradouros e fortalecer a fidelidade dos clientes. Os consumidores tendem a se identificar com empresas que compartilham valores semelhantes aos deles, e que demonstram um compromisso genuíno com seu bem-estar;
- **Inovação e diferenciação:** o propósito voltado para os *stakeholders* pode estimular a inovação, impulsionando a busca por soluções criativas e sustentáveis que atendam às necessidades e aos desejos dos diferentes grupos envolvidos. Isso pode levar a uma diferenciação competitiva e ao desenvolvimento de novos produtos ou serviços inovadores;
- **Relações saudáveis com fornecedores e parceiros**: ao priorizar o valor para os *stakeholders*, as organizações tendem a estabelecer relações mais colaborativas e de longo prazo com seus fornecedores e parceiros de negócios. Isso pode resultar em parcerias mais sustentáveis e benefícios mútuos;
- **Sustentabilidade em longo prazo**: um propósito voltado para os *stakeholders* incentiva práticas empresariais sustentáveis e responsáveis. Ao considerar os impactos social, ambiental e econômico, as organizações podem contribuir para um futuro melhor e para a sustentabilidade em longo prazo.

- **Conhecimento do cliente**: os clientes são *stakeholders* fundamentais em qualquer negócio. Ao compreender suas necessidades, desejos e expectativas, podemos encontrar oportunidades para inovar e desenvolver produtos e serviços que atendam às suas demandas. Escutar seus *feedbacks* e entender suas experiências nos ajuda a identificar lacunas e criar soluções inovadoras;
- ***Feedback* e ideias:** os *stakeholders* fornecem um *feedback* valioso sobre nossos produtos, serviços e processos. Suas opiniões e sugestões podem revelar novas perspectivas, problemas não resolvidos ou oportunidades não exploradas. Ao envolver os *stakeholders* em processos de cocriação e colaboração, abrimos a possibilidade de receber ideias frescas e inspiradoras que podem impulsionar inovações;
- **Desafios e necessidades emergentes**: os *stakeholders* estão imersos em um ambiente em constante mudança, enfrentando desafios e necessidades emergentes. Ao nos atentarmos a essas mudanças e compreendermos as demandas do mercado, podemos inovar e oferecer soluções relevantes e alinhadas com as necessidades em evolução dos *stakeholders*;
- **Perspectivas diversificadas**: os *stakeholders* representam uma variedade de perspectivas e interesses, incluindo clientes, funcionários, fornecedores, comunidades e investidores. Ao se atentar e considerar essas perspectivas diversificadas, podemos obter *insights* únicos e descobrir oportunidades inovadoras que talvez não teríamos percebido de outra forma;
- **Responsabilidade social e sustentabilidade**: os *stakeholders* também estão preocupados com questões sociais e ambientais. Ao compreender e abordar suas preocupações, podemos inovar e desenvolver práticas comerciais mais sustentáveis, responsáveis e éticas. Isso não apenas fortalece nossa reputação, mas também nos posiciona como líderes inovadores em responsabilidade corporativa.

Em resumo, os *stakeholders* são uma fonte de inspiração para inovar todos os dias, pois representam as partes mais impactadas e envolvidas em nossos negócios. Ao compreender suas necessidades, escutar seus *feedbacks*, receber suas ideias e considerar suas perspectivas diversificadas, podemos impulsionar a inovação e desenvolver soluções relevantes e sustentáveis.

Ao colocar os *stakeholders* no centro de nossas estratégias de inovação, estamos mais propensos a criar valor significativo e duradouro para todas as partes envolvidas.

Embora seja importante atender a todos os *stakeholders* de maneira adequada, existem três grupos principais que geralmente são considerados fundamentais para o sucesso de uma empresa. São eles: clientes, colaboradores e acionistas. Apesar de serem os três principais *stakeholders* de uma empresa – sobre os quais recai um grande foco quando a questão é excelência de atendimento –, é importante lembrar que a empresa também deve considerar outros *stakeholders* relevantes, como fornecedores, parceiros de negócios e comunidade local, buscando um equilíbrio entre as expectativas e necessidades de todos eles.

UM SETOR TAMBÉM É UM ORGANISMO VIVO

Assim como uma empresa, um setor também é um organismo vivo, composto por diversas partes interconectadas e interessadas. Para garantir seu sucesso, é essencial entender que seus *stakeholders* diretos também desempenham um papel crucial – dado que também têm interesse sobre ou são afetados pelas atividades do setor.

Conhecer os principais *stakeholders* do seu setor e as necessidades de cada um deles é fundamental para construir uma estratégia de atuação, bem como relações sólidas e duradouras, além de desenvolver reciprocidade na maioria dos casos. Ao compreender profundamente as demandas e expectativas de cada grupo, o setor pode alinhar ações, estratégias e serviços de acordo com o que é realmente valorizado por essas partes interessadas.

O setor pode alinhar suas ações estrategicamente às necessidades dos seus próprios *stakeholders*.

Atender com excelência significa realizar entregas de qualidade e valor em todos os aspectos. Assim como uma empresa busca a satisfação dos clientes, um setor deve se empenhar em proporcionar resultados positivos para seus *stakeholders*. Isso envolve aperfeiçoar processos, inovar em soluções e manter um alto padrão de desempenho.

O setor que atende seus *stakeholders* com excelência estabelece um círculo virtuoso de confiança e colaboração. Essa abordagem não apenas fortalece as relações, mas também contribui para o crescimento sustentável e o fortalecimento da imagem do setor como um todo. Ao reconhecer que cada *stakeholder* tem um papel vital e atender suas necessidades com excelência, o setor se posiciona para prosperar em um ambiente dinâmico e interconectado.

COMO ATENDER ÀS NECESSIDADES DOS *STAKEHOLDERS* EM UMA PERSPECTIVA SETORIAL

Para atender às necessidades dos *stakeholders* de maneira setorial, precisamos, antes, responder a seguinte questão: **quais os três *stakeholders* mais importantes do seu setor?**

Imagine-se como líder de um setor específico da empresa. Em seguida, pense no seu setor como uma empresa dentro de uma empresa.

Exemplo

Pense que eu sou o responsável pelo setor de Recursos Humanos (RH). Esse setor possui uma variedade de *stakeholders*, dos quais, os mais relevantes seriam:

1. **Colaboradores**

   O que esperam, buscam ou necessitam do RH:

   - **Desenvolvimento profissional e oportunidades de crescimento:** desejam ter acesso a programas de treinamento e desenvolvimento que os ajudem a aprimorar suas habilidades e avançar em suas carreiras;
   - **Comunicação:** valorizam a comunicação transparente e regular, bem como o envolvimento nas decisões que afetam seu trabalho e ambiente de trabalho;

- **Equilíbrio entre trabalho e vida pessoal:** desejam políticas e práticas que promovam um equilíbrio saudável entre suas responsabilidades profissionais e pessoais.

2. **Líderes e gestores**

   O que esperam, buscam ou necessitam do RH:

   - **Desenvolvimento de liderança:** buscam oportunidades de desenvolvimento para aprimorar suas habilidades de liderança e capacidade de gestão de equipes;
   - **Suporte em tomada de decisões de gestão de pessoas:** esperam orientação e suporte do RH em assuntos relacionados à gestão de desempenho, resolução de conflitos e retenção de talentos;
   - **Parceria estratégica:** valorizam a parceria com o RH na definição de estratégias e metas de negócios, garantindo que as práticas de RH estejam alinhadas aos objetivos organizacionais.

3. **Alta administração (Diretoria, CEOs, Conselho)**

   O que eles esperam, buscam ou necessitam do RH:

   - **Planejamento estratégico de RH:** a alta administração espera que o RH esteja envolvido no desenvolvimento e execução de uma estratégia de RH alinhada com os objetivos de negócios da organização;
   - **Análise de dados e métricas de RH:** buscam informações e análises para tomar decisões informadas sobre talentos, desempenho organizacional e impacto financeiro.
   - ***Compliance* e gestão de riscos:** contam com o RH para garantir que a organização esteja em conformidade com as leis trabalhistas, regulamentações e políticas internas, minimizando riscos legais e reputacionais.

É importante lembrar que essas são apenas algumas das necessidades mais importantes dos *stakeholders* do setor de RH, e podem variar de acordo com a organização e o contexto específico. O RH deve sempre buscar entender as necessidades e expectativas de seus *stakeholders*, adaptando suas práticas e estratégias para atendê-las de forma eficaz, visando a satisfação e o sucesso de todos os envolvidos.

Utilizando outro exemplo, no setor comercial existem vários *stakeholders* que desempenham um papel importante para o sucesso das atividades de vendas e no desempenho geral da empresa. Aqui estão alguns exemplos de *stakeholders* relevantes para um setor comercial:

1. **Clientes externo:** são a base do setor comercial. Eles são fundamentais para o sucesso da empresa, pois são aqueles que compram os produtos ou serviços oferecidos. Compreender suas necessidades, seus desejos e suas expectativas é essencial para desenvolver estratégias de venda eficazes;
2. **Acionistas/investidores:** são partes interessadas-chave no setor comercial, pois têm interesse no desempenho financeiro da empresa. Eles acompanham os resultados de vendas e lucratividade, e esperam um retorno sobre o investimento;
3. **Equipe de vendas (clientes internos):** desempenha um papel central no setor comercial. É responsável por prospectar clientes, fechar negócios e manter relacionamentos comerciais. O sucesso da equipe de vendas é fundamental para o crescimento e a lucratividade da empresa;
4. **Fornecedores:** são parceiros-chave no setor comercial. Eles fornecem os produtos, matérias-primas ou serviços necessários para a empresa operar e atender às demandas de seus clientes. Um relacionamento sólido com os fornecedores pode afetar a qualidade, o custo e a disponibilidade dos produtos ou serviços;
5. **Parceiros de negócios:** no setor comercial, muitas vezes é necessário estabelecer parcerias estratégicas com outras empresas. Esses parceiros de negócios podem fornecer suporte, acesso a novos mercados, canais de distribuição ou recursos complementares que impulsionam as vendas e o crescimento.

Utilizando como referência as necessidades dos *stakeholders*, poderíamos resumir os propósitos do setor e do gestor comercial da seguinte forma:

- **Propósito do setor:** impulsionar o sucesso dos clientes, conectando-os a produtos e soluções de qualidade, gerando satisfação e retorno para os investidores;

- **Propósito do gestor:** capacitar e motivar nossa equipe de vendas como força motriz do crescimento, estabelecendo parcerias sólidas e estratégicas para operar com máxima excelência.

Em resumo, a chave para alcançar grandes realizações está na escolha de um propósito comum que inspire a jornada de crescimento e melhoria líderes 10X que aqui proponho. Larry Fink, CEO da BlackRock, enfatiza a importância do propósito empresarial de criar valor contínuo para os *stakeholders*, indo além do lucro financeiro de curto prazo. Isso requer uma mudança de mentalidade para uma abordagem mais abrangente, considerando o impacto social e ambiental das atividades da empresa.

Entender e atender às necessidades e expectativas dos *stakeholders* diariamente é fundamental para construir confiança, lealdade e uma reputação positiva. Além disso, essa perspectiva mais ampla ajuda as empresas a antecipar e lidar de forma eficaz com os desafios e riscos à medida que se adaptam às mudanças sociais, tecnológicas e ambientais.

Os *stakeholders* desempenham um papel essencial como fonte de inspiração para a inovação. Compreender suas necessidades, ouvir seus *feedbacks* e considerar suas perspectivas diversificadas impulsionam a criação de soluções relevantes e sustentáveis. Isso não apenas beneficia a empresa, mas também contribui para um mundo melhor e mais equilibrado.

CONCLUSÃO:

A mensagem central deste capítulo é: ao adotar um propósito centrado em atender e gerar valor para os *stakeholders*, as empresas têm a oportunidade de construir um crescimento sustentável e de longo prazo, beneficiando não apenas a si mesmas, mas também a sociedade e o meio ambiente. Isso irá facilitar muito na estratégia do setor, bem como em suas escolhas para melhoria e inovação (seja incremental ou mais disruptiva). O jogo começa aqui.

DESAFIO DO CAPÍTULO

Atividade proposta

Antes mesmo de aplicar com o seu time a atividade proposta nos capítulos a seguir, tente você mesmo responder por escrito essas três perguntas:

1. Quais são os três principais *stakeholders* do seu setor?
2. Quais são as três necessidades de cada um que o seu setor deve atender?
3. Resumidamente, em uma única frase, qual é o propósito do seu setor?

Após realizar essa tarefa, compartilhe as respostas com seus pares ou com o seu líder a fim de obter um *feedback* com relação às suas escolhas e percepções.

CAPÍTULO **07.**

COMO SABER SE ESTAMOS ATINGINDO (OU JÁ ATINGIMOS) NOSSO PROPÓSITO?

JÁ OUVIU A FRASE "O QUE NÃO É MEDIDO NÃO PODE SER GERENCIADO"?

Essa afirmação é atribuída ao renomado pensador e escritor Peter Drucker, um dos principais teóricos da administração e gestão do século XX. Ela enfatiza a importância da mensuração e do monitoramento de dados e informações para efetivamente administrar e melhorar qualquer processo ou atividade.

No contexto empresarial, a pergunta proposta por Drucker ressalta a ideia de que é necessário quantificar e avaliar os elementos essenciais de uma operação, projeto ou estratégia para que se possa tomar decisões embasadas em dados concretos. Sem a medição adequada, fica difícil entender o desempenho da empresa, identificar suas oportunidades de melhoria e acompanhar seu progresso em direção aos objetivos.

A mensuração não se limita apenas a aspectos financeiros, como lucro e receita, mas abrange diversos indicadores que podem variar de acordo com a área ou atividade em questão. Por exemplo, no setor de Recursos Humanos, a medição pode envolver métricas como taxa de rotatividade, satisfação dos funcionários, eficácia do treinamento e produtividade. No setor de vendas, ela pode incluir métricas como número de vendas, taxa de conversão, *ticket* médio e tempo de ciclo de vendas.

A medição não é apenas coletar dados, mas também interpretá-los visando obter *insights* significativos. A análise dos números permite identificar tendências, padrões e áreas problemáticas que precisam de atenção. A partir dessas informações, os gestores podem tomar decisões informadas, ajustar estratégias, realocar recursos e promover melhorias contínuas.

A frase de Peter Drucker também enfatiza a importância da gestão proativa. Ao medir e monitorar os aspectos relevantes de uma atividade, os gestores podem identificar problemas em estágios iniciais antes que se tornem crises, e podem implementar medidas corretivas de maneira oportuna.

Em resumo, a ideia por trás da afirmação "O que não é medido não pode ser gerenciado" é que a mensuração é fundamental para a eficácia de uma gestão. Ao coletar, analisar e interpretar dados, os líderes e gestores garantem a capacidade de tomar decisões embasadas em informações concretas, promover melhorias e garantir um direcionamento mais eficiente para o sucesso das operações e estratégias organizacionais. Contudo será preciso medir o impacto disso.

NPS: MEDINDO A EXCELÊNCIA QUANDO O ASSUNTO É ATENDER ÀS NECESSIDADES DE NOSSOS *STAKEHOLDERS*

Após alguns anos de pesquisas e testes, foi descoberta uma forma muito simples, porém com um poder enorme de medir as necessidades dos *stakeholders*: o chamado Net Promoter Score, ou NPS. Essa métrica é originalmente voltada aos clientes externos, mas hoje é utilizada para se obter o mesmo padrão de resultados e oportunidades com qualquer um dos *stakeholders* de uma empresa.

Uma métrica amplamente reconhecida.

O conceito de Net Promoter Score (NPS) foi criado por Frederick F. Reichheld, renomado consultor de gestão, autor e palestrante norte-americano. Apresentado por Reichheld em um artigo intitulado "The One Number You Need to Grow" (publicado na edição de dezembro de 2003 da *Harvard Business Review*), o NPS se tornou uma métrica amplamente reconhecida para medir a satisfação e a lealdade dos clientes, influenciando a forma como as empresas abordam o relacionamento com esse público.

Quanto você recomendaria nossa empresa/produto/serviço a um amigo?

Talvez você não tenha reparado, mas certamente já participou de alguma avaliação de satisfação. Sabe aquelas pesquisas que são feitas após uma compra ou um atendimento, nas quais se pede que respondamos de 0 a 10 o quanto recomendaríamos a empresa/produto/serviço a um amigo ou colega?

O NPS simplificou a medição da satisfação do cliente concentrando-a em uma única pergunta-chave: "Em uma escala de 0 a 10, o quanto você recomendaria nossa empresa/produto/serviço a um amigo ou colega?". A resposta a essa questão permite segmentar os clientes em três categorias: promotores (pontuação 9-10), neutros/indiferentes (pontuação 7-8) e detratores/tristes (pontuação 0-6).

Recurso extremamente valioso para ajudar a desenvolver um negócio.

Entre as três categorias citadas acima, os chamados Promotores são, por razões óbvias, aqueles que têm mais potencial de influenciar positivamente a imagem de uma empresa. Isso porque esse grupo é formado por aqueles clientes que ficam tão satisfeitos com a experiência, que voltam para comprar mais e recomendam a marca para parentes, amigos e colegas. A lealdade entusiástica desses clientes faz com que eles sejam recursos extremamente valiosos que ajudam a desenvolver o negócio a partir do impulsionamento de sua reputação.

A simplicidade e eficácia do NPS o tornou uma ferramenta popular em diversas indústrias para avaliar a satisfação dos clientes e identificar áreas de melhoria e inovação, razão pela qual ele tem sido amplamente adotado por empresas de todo o mundo.

IMPORTÂNCIA DA MENSURAÇÃO CONTÍNUA

Em seu livro *Vencendo com propósito: como o NPS pode levar sua empresa a um novo patamar de sucesso* (Benvirá, 2022), Reichheld aborda a importância da mensuração contínua do NPS e da implementação de estratégias para melhorar a pontuação ao longo do tempo, destacando que, ao focar no propósito e na satisfação dos clientes, as empresas podem criar um ciclo positivo de crescimento. Clientes satisfeitos tendem a se tornar promotores, recomendando a empresa a outras pessoas, o que, por sua vez, atrai novos clientes e contribui para a expansão dos negócios.

No texto, o autor também compartilha exemplos de empresas que alcançaram sucesso significativo ao adotar uma abordagem orientada pelo NPS como propósito. Ele explora como essas empresas, ao cultivarem a lealdade e a confiança dos consumidores, conseguiram transformar a experiência do cliente em um diferencial competitivo.

Reichheld também dá dica, em seu livro, de como de resistir a pandemias e recessões. Aqui a fórmula para vencer é relativamente simples. Quando os colaboradores são reconhecidos e "recompensados" por enriquecer a vida dos clientes internos e externos, eles aceleram o crescimento sustentável e a prosperidade econômica da empresa. Esse é o caminho para o sucesso profissional e organizacional. E, como você verá, a estratégia baseada no propósito apresentada no capítulo anterior é capaz de resistir a pandemias e recessões cada vez mais frequentes, as quais expõem a fragilidade de abordagens menos eficazes.

TIPOS DE NPS

NET PROMOTER SYSTEM

Conforme proposto por Reichheld em seu livro, quando o NPS passa a levar em consideração um conjunto de soluções, passamos a chamá-lo de Net Promoter System – dado que, ao criarmos *scores* para medirmos diversos indicadores, o conjunto desses *scores* passa a funcionar como um sistema.

NET PURPOSE SCORE

Algo que uma grande parcela dos seres humanos parece ter em comum é o desejo de viver com sentido e propósito: tornar este mundo um lugar melhor. Fazer o bem, para a maioria das pessoas, pode trazer felicidade. O mesmo acontece ao ajudarmos, de alguma forma, a facilitar a vida de nosso cliente, ficamos tão satisfeito quanto eles.

Nesse contexto, enquanto o termo NPS oferece uma métrica para se medir a satisfação e lealdade dos clientes de uma empresa, o termo Net Purpose Score (NPS) se relaciona mais especificamente ao conceito de propósito organizacional. Esse medidor avalia o nível de conexão e identificação dos colaboradores com o propósito e os valores de onde trabalham, indicando em que grau eles se sentem alinhados e motivados pelo "propósito" da empresa, além de como esse propósito influencia atitudes, comportamentos e senso de realização no trabalho.

Enquanto o NPS tradicional foca na percepção dos clientes sobre uma dada empresa, o Net Purpose Score direciona o foco para a perspectiva dos colaboradores sobre sua relação com o propósito e os valores organizacionais. Cada um desses *scores* se concentra em um contexto específico dentro da organização, e ambos visam avaliar conexão emocional e fidelidade, mas com públicos diferentes.

ALMEJE A EXCELÊNCIA PARA CHEGAR AO LUCRO

A maioria da literatura empresarial sobre *excelência* ou *grandeza* tende a enfocar o patrimônio líquido financeiro como o único e verdadeiro objetivo. Um exemplo notável dessa análise contemporânea sobre a grandeza corporativa é o livro *Empresas feitas para vencer* (Alta Books, 2018)[1], de Jim Collins, o qual alcançou uma venda de mais de cinco milhões de cópias e permanece desde então como leitura obrigatória nas estantes dos altos executivos e CEOs das maiores e melhores empresa do mundo.

No entanto, é importante observar que a seleção das empresas destacadas por Collins foi fundamentada principalmente em critérios financeiros, sem levar em consideração o propósito central das empresas ou o valor intangível gerado pelo capital humano. Essas empresas conseguiram gerar retornos superiores para seus acionistas após períodos de desempenho mediano. No entanto, ao examinarmos seu desempenho nos anos após a publicação do livro, fica evidente que elas ficaram aquém da excelência. As razões para essa mudança de rumo são complexas e variam de empresa para empresa. Embora Collins tenha investigado essa decadência e publicado suas conclusões em um trabalho subsequente, atribuindo-a à arrogância e à mentalidade da busca por crescimento a qualquer custo, acredito que a resposta seja ainda mais multifacetada.

1 *Good to Great: Why Some Companies Make the Leap...and Others Don't*, publicado originalmente em 2001 pela HarperCollins nos Estados Unidos.

Essas empresas, assim como muitas outras contemporâneas, mediram seu sucesso principalmente com base nas métricas do capitalismo financeiro, com um foco predominante nos lucros. Eu também sou um admirador do trabalho de Jim Collins e concordo com grande parte do que ele escreveu em *Empresas feitas para vencer*. No entanto, é incontestável que essas mesmas empresas "feitas para vencer" não demonstraram resiliência e começaram a enfrentar dificuldades logo após receberem a atenção de Collins.

Os resultados que explicitam esse desempenho foram obtidos pela consultoria empresarial Bain & Company, que conduziu uma análise do Retorno Total para o Acionista (TSR, do inglês *total shareholder return*) dessas companhias durante a década após a publicação do livro.

A REVELAÇÃO DE SUA SUPERIORIDADE NO NPS

Agora, faremos uma análise comparativa do TSR das empresas líderes em NPS apresentadas no livro de Collins com aquelas citadas no livro *A pergunta definitiva 2.0*, lançado uma década após *Empresas feitas para vencer*, quantificando nos dois casos o TSR de cada grupo em relação ao retorno mediano do mercado de ações na década seguinte à publicação de cada livro. Em linhas gerais, o resultado dessa comparação mostrou que as empresas citadas por Jim Collins entregaram apenas 40% do desempenho mediano do mercado, enquanto os líderes em NPS citados em *A pergunta definitiva 2.0* forneceram 510%. Em outras palavras, as empresas que pareciam excelentes através das lentes do capitalismo financeiro deixaram seus acionistas muito insatisfeitos na década que se seguiu à bênção recebida por Collins, enquanto que os investidores em empresas que pareciam excelentes através das lentes do capitalismo de cliente[2] revelaram sua superioridade na década seguinte.

2 Roger Martin, reitor da Rotman School of Management, afirma que o capitalismo moderno pode ser dividido em duas grandes eras. A primeira, a do capitalismo gerencial, teria começado em 1932 e foi definida pela tese então radical de que toda empresa deveria ter uma gestão profissional. A segunda, a do capitalismo do valor ao acionista, teve início em 1976 e é regida pela premissa de que a finalidade de toda empresa deve ser maximizar a riqueza dos acionistas. Esta é uma premissa tragicamente falha. Hoje em dia, é hora de abandoná-la e de inaugurar uma terceira era: a do capitalismo voltado ao cliente.

A SATISFAÇÃO DO NPS COMO ESTRATÉGIA DE FORMAÇÃO DE TIMES

Compreendendo agora a relevância do Net Promoter Score (NPS), especialmente quando alinhado a um enfoque centrado tanto no cliente interno quanto no externo, surge uma perspectiva promissora ao abordar seu impacto sob a ótica dos diversos setores e a interdependência entre eles. Em muitos casos, os setores definem metas individuais que, por vezes, podem divergir das necessidades dos *stakeholders* em geral.

METAS INDIVIDUAIS CONTRIBUEM OU PREJUDICAM?

Tomemos o exemplo do setor comercial: sua meta predominante é, frequentemente, a geração de receita. Ao mesmo tempo, o setor de produção se empenha na entrega de produtos de alta qualidade, enquanto o setor administrativo busca otimizar os custos operacionais. No entanto, emerge uma questão pertinente: seria possível que esses setores se preocupassem genuinamente com as necessidades uns dos outros? Será que uma abordagem que priorize estritamente as metas individuais contribui ou prejudica a construção de equipes colaborativas e coesas? A resposta é que, **certamente, não há uma sensação de coesão ou união**.

Imagine agora a seguinte analogia: uma sala repleta de pessoas na qual irrompe um incêndio repentino. Como essas pessoas reagiriam? Visualize a cena por um momento. Naturalmente, cada indivíduo buscaria uma saída em direção à porta mais próxima, impulsionado pelo instinto de autopreservação. Nesse cenário, colisões seriam quase inevitáveis, pessoas poderiam ser pisoteadas e, infelizmente, algumas poderiam não escapar ilesas. A questão fundamental é: após o caos, o que restaria? Certamente não a sensação de coesão ou união.

Curiosamente, essa dinâmica ecoa justamente o funcionamento de muitas empresas, com cada setor focando nas próprias metas específicas, frequentemente, agindo quase que de forma isolada, em uma lógica que remete ao famoso adágio "cada um por si". No entanto, essa abordagem segmentada pode ser desafiadora quando se busca construir uma sinergia verdadeira, na qual esforços conjuntos poderiam resultar em sucesso coletivo.

Portanto, a pergunta crucial é: como romper com esse padrão e criar uma abordagem mais colaborativa? A solução, em grande parte, reside na compreensão compartilhada das metas organizacionais e na construção de uma cultura que valorize a cooperação sobre o individualismo. Ao nutrir uma mentalidade unificada para enfrentar desafios, as empresas podem moldar uma estrutura mais resiliente e produtiva, na qual o foco no cliente interno é tão agudo quanto o no cliente externo. A partir disso, nasce uma abordagem mais integrada, com os setores atuando como clientes internos uns dos outros, promovendo comunicação fluida, colaboração eficaz e cocriação de soluções conjuntas. Essa visão permite que a empresa promova uma transformação sustentável, a partir da qual os setores convergem em prol do sucesso coletivo, em vez de buscarem objetivos isolados.

Entender as necessidades e medir o Net Promoter Score (NPS) do setor com base em todos os seus *stakeholders* é um passo fundamental para fortalecer a sinergia organizacional e melhorar a entrega de valor. Esse processo impulsiona uma abordagem centrada também na importância do cliente interno, reconhecendo que cada setor desempenha um papel crítico na satisfação e no sucesso geral da empresa em relação a seus clientes externos. Aqui estão os passos detalhados para conduzir essa medição eficazmente.

- **PASSO 1 – Geração de hipóteses empáticas**

  Reúna-se com sua equipe para realizar um exercício de empatia. Coloque-se no lugar dos três principais *stakeholders* do setor: outros setores internos ou grupos de pessoas que interagem diretamente com o seu próprio setor. Identifique as supostas necessidades desses *stakeholders*. Considere questões como: "O que essas pessoas esperam do nosso setor?"; "Quais seriam suas principais preocupações?"; e "Como nossas ações impactam esses *stakeholders*"?

- **PASSO 2 – Agendamento de entrevistas com seus principais *stakeholders***

  Com base nas hipóteses geradas, agende reuniões de entrevista com essas pessoas. Essas conversas são vitais para validar suas suposições e obter uma compreensão mais profunda das necessidades e expectativas de cada grupo. Escute ativamente, faça perguntas abertas e esteja aberto a *insights* inesperados. Isso não apenas refina seu entendimento, mas também demonstra um compromisso genuíno com o aprimoramento.

- **PASSO 3 – Unificação das necessidades identificadas**

  Após as entrevistas, compile as informações coletadas e unifique as necessidades identificadas pelos *stakeholders*. Compare essas necessidades com as hipóteses iniciais e destaque as áreas em que ocorreram discrepâncias ou revelações significativas. Essa etapa prepara o terreno para a criação do formulário de NPS dos *stakeholders* (Stakeholders Net Promoter Score, ou sNPS).

- **PASSO 4 – Criação de formulário de sNPS com base nas necessidades unificadas**

  Elabore um formulário de NPS específico para o seu setor. Esse deve incluir as necessidades individuais identificadas, a fim de que os *stakeholders* possam avaliar o nível atual de satisfação em relação a cada uma delas. Além disso, reserve espaço para sugestões de melhorias.

- **PASSO 5 – Coleta e avaliação das respostas do sNPS**

  Envie o formulário de NPS aos *stakeholders* e peça que eles atribuam uma pontuação de 0 a 10 para cada necessidade específica e compartilhem suas sugestões. Essa avaliação numérica proporcionará uma visão clara do nível de satisfação atual e, posteriormente, permitirá o cálculo do NPS.

- **PASSO 6 – Cálculo do sNPS e criação de placar**

  Calcule o NPS para cada necessidade específica, subtraindo a porcentagem de detratores (pontuações de 0 a 6) da porcentagem de promotores (pontuações de 9 a 10). O resultado indicará o grau de satisfação em relação a cada necessidade. Compile esses resultados em um placar geral do NPS do setor, de forma que ele ofereça uma visão abrangente da percepção dos *stakeholders*.

Esse processo não apenas fomenta uma compreensão mais profunda das necessidades internas, mas também constrói pontes entre setores, promovendo colaboração e aprimoramento contínuo. Ao adotar uma abordagem de "cliente interno" e utilizar o NPS como uma métrica de avaliação, a empresa pode impulsionar a excelência operacional e a coesão organizacional em direção a um objetivo comum de sucesso.

Agora, que tal se pegássemos todos esses conceitos e os colocássemos em prática com o nosso time?

CHEGOU A HORA DE COMEÇAR!

CAPÍTULO **08.**

APLICAÇÃO: LÍDER DA CLASSE ***EXPEDICIONÁRIO***

A partir daqui, faremos uma exposição da aplicação prática de implantação do *framework* da Liderança 10X etapa a etapa.

A jornada que estamos prestes a empreender tem sua base na mentalidade e no comportamento do que denominamos de "líder expedicionário". Esse líder intrépido se destaca por possuir uma mentalidade aventureira e corajosa, sempre pronto para explorar territórios desconhecidos e enfrentar desafios com determinação. Em um contexto empresarial, ele adota uma abordagem mais aberta, que se estende para os lados, em vez de se aprofundar de maneira convencional.

Não esqueça: aqui estão os sete pontos-chave que devem ser incorporados em suas reuniões quando o foco for a *zona de aprendizagem*:

- Envolvimento ativo dos participantes;
- Valorização das contribuições individuais;
- Relação do conteúdo com a prática;
- Aprendizado mútuo entre os membros;
- Autogestão e responsabilidade dos participantes;
- *Feedback* construtivo e reflexão;
- Planejamento de ações concretas.

Para facilitar, ainda mais, nesta parte prática temos outra surpresa para você. Que tal, acompanhar a jornada de implantação mais de perto, assistindo a vídeos explicativos e práticas sendo conduzidas de forma real? Neles você encontrará dicas valiosas para realização de cada exercício e presenciará cada reunião acontecendo com equipes reais, apresentando resultados e *feedbacks* reais.

Aproveite essa oportunidade!

Ao terminar a jornada teórica, você acumulou pontos que podem ser trocados por prêmios e descontos incríveis. Um dos prêmios que você deve ter adquirido ao participar da nossa jornada interativa é 50% de desconto na jornada prática de implantação. Independentemente disso, você também poderá utilizar esse cupom para acessar esta próxima fase e conseguir absorver ao máximo todo o modelo de implantação na prática.

SEU CUPOM DE 50% DE DESCONTO É: LIVRO10X

Você tem 30 dias gratuitos para experimentar.

Faça a sua primeira reunião usando o *framework* da Liderança 10X.

Agora, daremos início à montagem do nosso Stakeholder Map do setor. Mas, antes, você já deu início à sua jornada *on-line*? Ela fará uma grande diferença em seu desempenho. Aproveite e veja na prática a aplicação dessa metodologia que já mudou a vida de mais de cinquenta mil líderes.

Utilizaremos agora tudo o que você aprendeu sobre os conceitos de ***zona de desempenho***, ***zona de aprendizagem***, ***andragogia*** e ***segurança psicológica***, ***propósito***, ***autonomia***, ***domínio***, ***maestria***, ***stakeholders*** e **NPS**, colocando todas essas peças em linha. Você ficará surpreso com os resultados!

Está pronto para iniciar?

START: Inicie a reunião com uma saudação calorosa do tipo “Bom dia” ou “Boa tarde”, e diga: “O objetivo de hoje é compreender o nosso propósito como equipe”. Comece interagindo com a equipe, perguntando para cada um qual é para eles a definição de propósito.

Dê espaço para que alguns compartilhem suas ideias, valorizando cada participação. Em grupos de cinco a dez pessoas, é recomendado ouvir pelo menos duas ou quatro, respectivamente.

Apresente a definição de propósito, utilizando a apresentação em PowerPoint ou outro formato que considere apropriado. Em seguida, compartilhe a definição de propósito de Larry Fink, CEO e presidente da BlackRock, que enfatiza que o propósito de uma equipe de excelência é gerar e proporcionar valor para todos os seus *stakeholders*.

Conduza um exercício prático: proponha a criação de um Mapa de Stakeholders em sua área. Divida a equipe em três grupos, preferencialmente duplas ou trios, mas mantenha grupos pequenos, caso haja três pessoas ou menos. Distribua *post-its* a todos e peça para que cada participante escreva o nome de um *stakeholder* da área em cada *post-it*.

Dê um tempo de quatro a cinco minutos para que os grupos elaborem uma lista de dez *stakeholders* da área. Em seguida, peça que os grupos se alternem no compartilhamento dos nomes elencados. À medida que isso for sendo feito, cole os *post-its* em torno de um *post-it* central, que representa o nome da área, formando um diagrama.

Uma vez criado esse mapa de *stakeholders*, conduza a próxima atividade, que foi preparada em forma de três vídeos curtos. Esses vídeos ilustrarão etapas de como conduzir essa reunião, permitindo que você visualize como a interação ocorrerá com sua equipe. Isso pode ser útil para líderes, consultores, *coaches* ou mentores.

Lembre-se de que essa é uma reunião específica sobre a *zona de aprendizagem*, e não abordará problemas, pendências ou metas diárias de trabalho. É fundamental separar essa reunião e escolher um horário específico para abordar exclusivamente esse tema. Envie um convite amistoso e informal, destacando a importância da participação de todos e o propósito da busca constante por melhorias.

Objetivo principal da reunião: ao final da reunião, você deve ter como produto a identificação dos três principais *stakeholders* da área, decididos de forma democrática e participativa, bem como três possíveis necessidades a serem atendidas para cada um deles.

O objetivo dessa atividade é criar um ambiente de aprendizado colaborativo e significativo, em que todos possam contribuir com suas ideias e percepções para a construção de um mapa de *stakeholders* relevante e uma compreensão mais profunda do propósito dos participantes como equipe.

sNPS do setor medindo a satisfação dos *stakeholders*: após conduzir a primeira reunião de forma interativa e envolvente, é hora de dar continuidade ao processo e medir a satisfação dos *stakeholders* com base no Stakeholders Net Promoter Score (sNPS).

O sNPS é uma ferramenta valiosa para entender como os *stakeholders* percebem a atuação do nosso setor, e se eles estariam dispostos a recomendá-lo a outras pessoas. Essa medição ajudará a identificar pontos fortes e áreas que precisam de melhorias em relação ao atendimento e à qualidade dos serviços.

Aqui está o passo a passo para medir o sNPS:

- **Explicação do sNPS:** explique para a equipe o que é o sNPS e como ele funciona. Utilize exemplos descontraídos para garantir que todos compreendam a importância desse indicador;
- **Definindo a pergunta:** a pergunta-chave para medir o sNPS é "Em uma escala de 0 a 10, o quanto você indicaria nosso setor para um amigo?". Essa pergunta visa avaliar a satisfação geral dos *stakeholders*;
- **Classificação dos grupos:** com base nas respostas, os *stakeholders* podem ser classificados em três grupos:
    1. **Promotores:** aqueles que deram notas 9 ou 10. Eles estão extremamente satisfeitos e são propensos a recomendar;
    2. **Neutros:** aqueles que deram notas 7 ou 8. Eles estão satisfeitos, mas não são tão entusiastas quanto os promotores;
    3. **Detratores:** aqueles que deram notas de 0 a 6. Eles não estão satisfeitos e podem prejudicar a imagem do setor.

- **Calcule o sNPS:** Subtraindo a porcentagem de detratores da porcentagem de promotores. O resultado varia de -100 a 100. Quanto mais próximo de 100, melhor é a avaliação;
- **Interpretação de resultados:** Explique o que os resultados do sNPS significam. Destaque a importância de agir com base nos *feedbacks* recebidos para melhorar a satisfação dos *stakeholders*;
- **Segmentação dos resultados:** Se possível, segmente os resultados por grupos, como clientes, colaboradores e parceiros. Isso pode fornecer *insights* mais específicos sobre a satisfação de cada categoria de *stakeholder*;
- **Ação baseada no sNPS:** Destaque a importância de agir com base nos resultados do sNPS. Utilize um exemplo prático de como um problema identificado pode ser resolvido para melhorar a satisfação dos *stakeholders*;
- **Benefícios de um bom NPS:** Explique como um bom sNPS contribui para construir uma reputação positiva do setor, atrair mais clientes internos e externos e fortalecer parcerias.

Após a explicação, é hora de conduzir a medição do sNPS. Você pode utilizar uma pesquisa *on-line*, entrevistas diretas ou outros métodos que considerar adequados. Lembre-se de que a avaliação deve ser feita por uma amostra representativa de cada categoria de *stakeholders*, e relacionada às necessidades identificadas anteriormente.

Ao concluir essa etapa, você terá conquistado a categoria de Líder 6X (líder da classe *Expedicionário*) e estará pronto para a próxima fase, que é a busca pela excelência como líder da classe *Excelência* – ou Líder 7X.

Lembre-se de que essa jornada é contínua, e cada etapa contribuirá para o desenvolvimento de seu time, a melhoria do setor e a criação de um ambiente de trabalho cada vez mais motivador e colaborativo. Parabéns por sua dedicação e comprometimento!

Se quiser ter acesso ao material com apresentações adicionais, videoaulas e conteúdos exclusivos, não deixe de aproveitar o seu cupom de 50% de desconto e adquira a jornada de implantação, na qual poderá ver na prática as atividades sendo conduzidas.

ACESSE O *QR CODE* AO LADO E USE SEU CUPOM DE DESCONTO PARA COMEÇAR AGORA SUA JORNADA DE IMPLANTAÇÃO DO *FRAMEWORK* DA LIDERANÇA 10X.

CAPÍTULO **09.**

APLICAÇÃO: LÍDER DA CLASSE ***EXCELÊNCIA***

Parabéns por avançar para mais uma etapa da jornada, agora como líder da classe *Excelência*! Nesta etapa, você estará focado em cultivar um *mindset de crescimento* e aprimorar ainda mais a excelência do seu setor. Vamos começar falando sobre estes dois importantes fatores que podem influenciar nossa vida: o *mindset fixo* e o *mindset de crescimento*.

Explorar esses dois tipos de mentalidade é fundamental para criar uma equipe e um ambiente de trabalho voltado para o aprendizado e o desenvolvimento contínuos. O *mindset fixo* tende a limitar as possibilidades, enquanto o de crescimento encoraja a busca por novas habilidades e o enfrentamento de desafios.

APRESENTAÇÃO DOS RESULTADOS DO SNPS

Antes de começar a jornada rumo à classe *Excelência*, é importante apresentar os resultados do sNPS (Stakeholders Net Promoter Score) do setor. Esses resultados fornecerão uma visão clara das necessidades e percepções dos *stakeholders* em relação ao seu setor.

START

Comece a reunião apresentando a diferença entre o *mindset fixo* e o *mindset de crescimento*. Incentive o time a participar da discussão sobre esses conceitos, permitindo que expressem suas ideias e entendimentos.

Inicie uma discussão sobre como pessoas com *mindset fixo* reagem a críticas e desafios. Em contraste, como aquelas com uma mentalidade de crescimento lidam com essas mesmas situações? Anote as respostas em um mural ou em uma ferramenta interativa.

Destaque como pessoas com a mentalidade de crescimento estão mais abertas ao aprendizado e ao desenvolvimento pessoal. Em um mundo em constante transformação, essa mentalidade é crucial para se enfrentar desafios e evoluir.

Pergunte ao time qual a mentalidade a ser adotada quando se quer alcançar a excelência e reforce a importância do *mindset de crescimento* como a base para a jornada em busca da excelência.

Apresente os resultados do sNPS da área, incluindo as notas obtidas em cada uma das nove necessidades levantadas. Evite se concentrar nas notas baixas ou buscar culpados. O objetivo é identificar oportunidades de melhoria, não atribuir falhas.

PRIORIZAÇÃO DAS NECESSIDADES

Cada membro do time terá a oportunidade de votar nas três necessidades que considera mais impactantes e relevantes para os resultados. Isso definirá as prioridades nas quais o time irá trabalhar.

FORMAÇÃO DOS GRUPOS DE TRABALHO

Com base nas necessidades priorizadas, forme grupos de trabalho. Isso pode ser feito pela afinidade dos membros com cada necessidade ou por sorteio. Promova um ambiente de colaboração, criatividade e comprometimento.

CRIAÇÃO DE PROPOSTAS DE VALOR

Os grupos devem criar propostas de valor utilizando a abordagem A3 ou sugerindo projetos. Essas propostas visam solucionar as necessidades identificadas de forma inovadora e eficaz.

Durante todo o processo, reforce a importância do *mindset de crescimento*. Incentive o desenvolvimento das características e habilidades associadas a essa mentalidade.

Lembre ao time que essa jornada é contínua e desafiadora, mas repleta de oportunidades de aprendizado e crescimento. A busca pela excelência envolve persistência, dedicação e a crença de que é possível sempre melhorar.

CRIANDO PRODUTOS E SERVIÇOS DE VALOR

Nesta etapa da metodologia, você e seu time estarão envolvidos na criação de soluções que atendam às necessidades dos *stakeholders*. Esse é um momento crucial, pois o desenvolvimento dessas soluções também impulsionará o crescimento e o desenvolvimento da equipe.

Os quatro estágios do aprendizado ajudarão a compreender o progresso nesse processo.

- **Estágio 1 – Inconsciente e incompetente:** neste estágio, o time ainda não tem conhecimento sobre um assunto ou habilidade específica. É uma fase inicial em que existe uma falta de conhecimento, mas também uma oportunidade de aprendizado;
- **Estágio 2 – Consciente e incompetente:** aqui, o time começa a perceber que há muito a aprender. O reconhecimento das limitações leva à motivação para se desenvolver. É uma fase desafiadora, mas essencial para o crescimento;
- **Estágio 3 – Consciente e competente:** nesse estágio, as coisas começam a se encaixar. O time adquire conhecimento e prática, tornando-se habilidoso na nova área. Porém, ainda é necessário esforço e concentração para executar tarefas com habilidade;
- **Estágio 4 – Inconsciente e competente:** aqui, o time atingiu a maestria. As habilidades e os conhecimentos são aplicados naturalmente, quase sem esforço consciente. É um estado de desempenho fluido e eficiente.

PASSOS PARA CRIAÇÃO DE SOLUÇÕES DE VALOR

Realize pesquisas, entrevistas e análises para compreender profundamente necessidades, desejos e expectativas dos *stakeholders*. Use perguntas como "Quais são as expectativas?" e "Quais são as experiências anteriores?" para coletar informações valiosas.

ANÁLISE DOS DADOS COLETADOS

Analise as informações e os dados obtidos para identificar pontos comuns, desafios, oportunidades e tendências relacionadas às necessidades dos *stakeholders*.

DEFINIÇÃO DE OBJETIVOS CLAROS

Defina objetivos claros e mensuráveis para um produto ou serviço. Esses objetivos devem estar alinhados com as necessidades dos *stakeholders* e a visão estratégica da organização.

EXPLORAÇÃO DE IDEIAS E SELEÇÃO

Realize um *brainstorming* para gerar ideias de soluções dos problemas e desafios da área ou setor que atuam. Selecione as melhores ideias que atendam às necessidades e aos objetivos definidos anteriormente.

SUGESTÃO DE FERRAMENTA

Utilize a ferramenta A3 para criar um documento resumido com informações sobre o problema, análises, soluções propostas e planos de ação. Por ser estruturada, a abordagem A3 auxilia na comunicação clara das informações.

CRIAÇÃO DE PROTÓTIPO E TESTES

Se possível, crie protótipos ou versões iniciais do produto ou serviço. Teste-os com *stakeholders* para obter *feedbacks* valiosos e identificar áreas de melhoria.

ITERAÇÃO E REFINAMENTO CONTÍNUO

Use o *feedback* recebido para iterar e refinar as soluções. Esse processo contínuo permite aprimorar e ajustar o produto ou serviço de acordo com as reais necessidades dos *stakeholders.*

ACOMPANHAMENTO E CONTROLE

Estabeleça formas de acompanhar o progresso do projeto, identificar problemas e fazer ajustes quando necessários. Use indicadores de desempenho e reuniões regulares para avaliar sua evolução.

Ao seguir esses passos e utilizar a ferramenta A3, você estará criando um processo estruturado e organizado para a criação de soluções de valor que atendam às necessidades dos *stakeholders*. Lembre-se de que esse é um processo iterativo, no qual o aprendizado contínuo e o *feedback* são essenciais para o sucesso das soluções desenvolvidas.

APRESENTAÇÃO DE SOLUÇÕES PELO PRÓPRIO TIME

Chegou o momento crucial em que seu time irá apresentar suas ideias de melhorias e soluções. Esta reunião é um marco importante, e sua duração será de cerca de duas horas, dependendo do número de grupos que farão apresentações.

Cada grupo terá aproximadamente dez minutos para apresentar sua solução. O roteiro da apresentação segue o conceito da ferramenta A3, que inclui os seguintes elementos:

- **Contexto:** descrição do problema ou desafio que está sendo abordado;
- **Condição atual:** análise da situação atual e das principais questões envolvidas;
- **Análise de causa-raiz:** identificação das causas subjacentes do problema;
- **Objetivos:** definição clara de objetivos e metas a serem alcançados;
- **Ações corretivas:** apresentação das ações planejadas para resolver o problema;
- **Plano:** detalhamento das etapas do plano de implementação;
- **Acompanhamento e resultados:** explicação de como o projeto será monitorado e quais os resultados esperados;
- **Lições aprendidas:** reflexão sobre as principais aprendizagens durante o processo.

UTILIZAÇÃO DA FERRAMENTA A3

Encoraje o uso da ferramenta A3, que ajuda a apresentar as informações de forma clara e organizada. Essa abordagem permite uma compreensão rápida e eficaz da solução proposta.

FEEDBACK E RECONHECIMENTO

Durante as apresentações, evite interrupções e perguntas, mantendo o foco nas informações. Após terminá-las, permita que os membros da equipe expressem como se sentiram durante a atividade. Muitos provavelmente mencionarão que foi desafiador, mas gratificante, sair da zona de conforto.

VOTAÇÃO

Depois das apresentações, solicite aos membros da equipe que votem no grupo que mais se destacou. O voto não deve ser apenas baseado na qualidade da solução, mas também no engajamento, dedicação e esforço demonstrados.

O CONCEITO DE *FLOW*

No final, você pode abordar o conceito de *flow*, explicando que esse estado mental ocorre quando estamos totalmente imersos em uma atividade desafiadora, sentindo engajamento, foco e satisfação. Ao buscar desafios e sair da zona de conforto, entramos em um estado de concentração que impulsiona o crescimento pessoal e profissional.

BENEFÍCIOS DO *FLOW* NO TRABALHO

Destaque os benefícios do *flow* no ambiente de trabalho, como aumento da realização e produtividade. Esse estado nos permite usar nossos talentos e potencialidades ao máximo, resultando em entregas de alta qualidade.

ENCORAJANDO O *FLOW*

Incentive sua equipe a buscar constantemente desafios e metas que os motivem a aprender e crescer. O aprendizado contínuo mantém o estado de *flow* constante, tornando o trabalho mais gratificante e significativo.

PRÓXIMOS PASSOS

Finalize a reunião marcando os próximos passos. Realize encontros individuais para analisar mais profundamente cada proposta. Destaque que o objetivo dessa etapa foi discutir o estado de *flow* e a sensação de realização. Dê espaço para perguntas e esclarecimentos sobre esse conceito.

EXECUÇÃO

Cumpridas essas atividades, você pode introduzir a próxima etapa da jornada: a execução. O foco agora será na implementação das soluções propostas e no acompanhamento dos resultados. Parabenize a equipe pelo esforço e dedicação, reconhecendo todos os participantes individualmente, e encerre a reunião com entusiasmo, enfatizando a importância do *flow* e da busca por desafios contínuos.

EXECUÇÃO DOS PROJETOS

Nesta fase, a execução dos projetos entra em foco. Como líder, é importante marcar reuniões intermediárias com cada time, com duração de dez a vinte minutos cada, todas as semanas. Essas reuniões têm como objetivo verificar o progresso do trabalho, fornecer apoio, direcionar quando necessário e, acima de tudo, motivar a equipe ao longo do processo.

PERGUNTAS PARA AS REUNIÕES SEMANAIS

Utilize algumas perguntas para orientar as reuniões semanais com os times:

- O que foi realizado desde a última reunião?
- Quais são os planos até a próxima reunião?
- Existe algum obstáculo ou impedimento no caminho?
- Você precisa de ajuda ou suporte para concluir as tarefas?
- O projeto está seguindo o cronograma estabelecido?
- Quais aprendizados foram obtidos até o momento?
- Você tem alguma informação ou *insight* para compartilhar com a equipe?

Essas perguntas, frequentemente utilizadas em metodologias ágeis como o Scrum[1], ajudam a acompanhar o progresso, identificar obstáculos e promover a melhoria contínua.

DEFININDO METAS CLARAS

Estabeleça metas claras e mensuráveis. Transforme os objetivos em metas específicas que possam ser quantificadas. Por exemplo, se o objetivo é melhorar a experiência do cliente, a meta pode ser reduzir o tempo médio de resposta dos clientes em 50% até o final do ano.

1 Criado na década de 1990, o Scrum é um *framework* de gerenciamento ágil e "não linear" de projetos muito popular entre os desenvolvedores de *software*, mas que pode ser utilizado por qualquer setor.

INDICADORES DE SUCESSO

Defina indicadores de sucesso para cada meta estabelecida. Esses indicadores devem ser quantificáveis e relevantes para os objetivos que a empresa almeja. Eles servirão para medir o progresso e o impacto alcançado.

ALINHAMENTO COM A VISÃO ESTRATÉGICA

Verifique se os objetivos e as metas estão alinhados com a visão estratégica da organização. Isso garante que o trabalho contribua para os objetivos de longo prazo da empresa.

COMUNICAÇÃO DOS OBJETIVOS

Comunique os objetivos e as metas aos *stakeholders* envolvidos na cocriação. Isso ajuda a alinhar as expectativas e garantir que todos estejam trabalhando rumo aos mesmos objetivos.

DOCUMENTAÇÃO DOS OBJETIVOS

Documente os objetivos e as metas de forma clara. Isso servirá como ponto de referência para acompanhar o progresso ao longo do tempo e avaliar o sucesso alcançado.

UTILIZANDO O CONCEITO "70, 20, 10"

Introduza o conceito "70, 20, 10" de aprendizado. Esse conceito enfatiza que o aprendizado e o crescimento profissional são compostos por:

- 70% de aprendizagem por meio da prática;
- 20% de aprendizagem social, como interações com a equipe;
- 10% de aprendizagem formal, por meio de treinamentos.

ESTIMULANDO O *FLOW*

Incentive sua equipe a sair da zona de conforto e a buscar desafios, entrando no estado de *flow*. Esteja ciente de que, nessa fase, eles aprenderão principalmente fazendo.

A IMPORTÂNCIA DE APRENDER FAZENDO

Esta fase de execução permitirá que sua equipe aprenda fazendo, aplicando teorias na prática e enfrentando desafios reais. O *feedback* contínuo e a experiência direta são fundamentais para o crescimento.

LIDERANÇA QUE INSPIRA E DESAFIA

Lembre-se de que seu papel como líder é inspirar e desafiar sua equipe a alcançar resultados extraordinários juntos. O líder verdadeiro caminha lado a lado com sua equipe na busca pelo crescimento exponencial, orientando, motivando e encorajando todos a irem além dos limites.

FERRAMENTAS DE GESTÃO DE PROJETOS

Existem várias ferramentas de gestão de projetos e planos de ação disponíveis no mercado, cada uma com suas próprias características e benefícios. A escolha da melhor ferramenta depende das necessidades e preferências da equipe e da organização. A seguir, mencionarei algumas das ferramentas mais populares e amplamente utilizadas.

TRELLO

O Trello é uma ferramenta de gestão de projetos baseada em quadros e cartões. É conhecido por sua interface intuitiva e visual, a qual permite criar listas de tarefas, atribuir responsáveis, definir prazos, adicionar comentários e acompanhar o progresso das atividades. É amplamente utilizado tanto em projetos individuais quanto por equipes colaborativas.

ASANA

A Asana é uma plataforma completa de gestão de projetos que oferece recursos para criar e acompanhar tarefas, estabelecer dependências entre atividades, definir metas, gerenciar prazos e colaborar em equipe. Ela fornece uma visão geral do projeto, permitindo que os membros da equipe acompanhem o progresso e trabalhem de forma colaborativa.

MICROSOFT PROJECT

O Microsoft Project é uma ferramenta robusta de gestão de projetos que oferece recursos avançados para planejamento, programação, acompanhamento e controle de projetos. É amplamente utilizado em projetos complexos que exija uma abordagem mais detalhada, permitindo a criação de cronogramas, alocação de recursos, gerenciamento de custos e análise de riscos.

JIRA

O Jira é uma plataforma de gestão de projetos e desenvolvimento de *software* muito utilizada por equipes ágeis. Ele oferece recursos para planejamento de *sprints*, criação de histórias de usuário, rastreamento de *bugs*, gerenciamento de *backlog* e colaboração em equipe. É especialmente útil para equipes que adotam metodologias ágeis, como o Scrum ou o Kanban.

MONDAY.COM

O Monday.com é uma ferramenta de gestão de projetos e colaboração que permite criar e gerenciar tarefas, definir prazos, atribuir responsáveis, acompanhar o progresso e compartilhar informações com a equipe. Ele oferece uma interface visual intuitiva e personalizável, permitindo adaptar a ferramenta às necessidades específicas da equipe e do projeto.

É importante ressaltar que a escolha da melhor ferramenta depende das necessidades da equipe, do tipo de projeto e das preferências pessoais. É recomendado realizar uma análise das funcionalidades oferecidas por cada ferramenta, bem como avaliar a facilidade de uso, a escalabilidade, a integração com outras ferramentas e o suporte oferecido. Além disso, é útil considerar as opiniões e experiências de outros usuários ao selecionar uma ferramenta de gestão de projetos e planos de ação.

LÍDER DA CLASSE *EXCELÊNCIA*: INDO ALÉM

Você está prestes a alcançar o título de "Líder 7X – classe *Excelência*". Um verdadeiro líder de excelência é aquele que constantemente busca o mais alto nível de desempenho e qualidade em sua liderança. Esses líderes estão comprometidos em estabelecer e manter padrões elevados de excelência em todas as áreas de atuação. Eles definem metas ambiciosas, motivam suas equipes a superar expectativas e trabalham incansavelmente para entregar resultados excepcionais.

Seis comportamentos que um líder da classe *Excelência* deve ter durante toda a jornada:

1. Líderes de excelência estão sempre em busca de maneiras de aprimorar processos, otimizar recursos e elevar constantemente o desempenho da equipe. Eles incentivam a inovação e estão abertos a novas ideias e abordagens;
2. Um líder de excelência serve como modelo de conduta e profissionalismo. Ele demonstra integridade, ética e responsabilidade em todas as situações, inspirando outros à sua volta a seguir o mesmo exemplo;
3. Líderes de excelência reconhecem a importância tanto do crescimento individual quanto do coletivo. Eles investem no desenvolvimento da equipe, oferecendo suporte, treinamento e oportunidades de aprendizado para que cada membro alcance seu máximo potencial;
4. Esses líderes definem metas desafiadoras e inspiradoras, estimulando suas equipes a irem além do comum. Eles acreditam no potencial ilimitado do grupo e incentivam a busca pela superação;
5. Líderes de excelência estão determinados a entregar resultados excepcionais. Eles não se contentam com o "suficiente", buscando constantemente alcançar (e manter) um padrão de qualidade que vá além das expectativas;
6. A busca pela excelência é uma constante na vida desses líderes. Eles estabelecem padrões elevados para si mesmos e para a equipe, procurando sempre alcançar o melhor resultado possível.

Se você percorreu toda esta jornada, parabéns! Acaba de se tornar um líder da classe *Excelência*. Agora, você está pronto para dar o próximo passo e alcançar o título de "Líder 8X – classe *Extraordinário*". Nessa próxima jornada, iremos mais alto, e o objetivo é levar sua equipe ao topo do mundo!

Continue mantendo o foco e conclua sua jornada como um líder de excelência. O seu compromisso com a busca e melhoria contínua, bem como o desenvolvimento da equipe, é o diferencial de líderes extraordinários. Em breve, estaremos juntos novamente para explorar novos horizontes e desafios.

Esta jornada de aprendizado e desenvolvimento está preparando você e seu time para alcançar a excelência. Continue a motivar sua equipe a adotar um *mindset de crescimento*, enfatizando a importância do aprendizado contínuo e da busca por soluções inovadoras. Parabéns por estar comprometido com o desenvolvimento do seu time e com o sucesso do setor!

Se estiver com dificuldades de visualizar as atividades, não deixe de aproveitar o seu cupom de 50% de desconto e adquira a jornada de implantação, ao longo da qual poderá ver na prática as atividades sendo conduzidas.

ACESSE O *QR CODE* AO LADO COM O SEU CUPOM DE DESCONTO E COMECE AGORA A SUA JORNADA DE IMPLANTAÇÃO DO *FRAMEWORK* DA LIDERANÇA 10X.

CAPÍTULO **10.**

APLICAÇÃO: LÍDER DA CLASSE ***EXTRAORDINÁRIO***

Possuidor de visão inspiradora, cultura de excelência e compromisso com o desenvolvimento, o líder extraordinário desempenha um papel fundamental na conexão entre o senso de dono e o lucro líquido de uma empresa. Esses três elementos estão intrinsecamente ligados, e o líder extraordinário atua como a ponte que une essas dimensões vitais para o sucesso organizacional.

LÍDER DA CLASSE *EXTRAORDINÁRIO* E O CONCEITO DE SENSO DE DONO

O líder extraordinário cultiva um "senso de dono" em cada integrante da equipe, incentivando cada membro a se sentir investido nos objetivos e resultados da empresa. Ao promover uma cultura na qual todos são encorajados a contribuir, inovar e assumir responsabilidade, o líder cria um ambiente em que cada indivíduo se sente como um coproprietário do sucesso da organização. Esse "senso de dono" transcende à ideia de trabalho simplesmente como uma tarefa, transformando-o em uma missão compartilhada. Os membros da equipe não apenas buscam cumprir suas obrigações, mas também buscam ativamente maneiras de impactar positivamente a empresa, contribuindo para um crescimento sustentável.

LÍDER EXTRAORDINÁRIO E O LUCRO LÍQUIDO

O lucro líquido é um indicador-chave do desempenho financeiro de uma empresa. O líder extraordinário desempenha um papel crítico na maximização desse indicador, não apenas focando em resultados imediatos, mas também garantindo a sustentabilidade e o crescimento no longo prazo. Ao liderar *brainstormings* que promovem inovação, eficiência e otimização de recursos, o líder contribui para a melhoria dos processos e a entrega de produtos e serviços de maior valor para os clientes. Além disso, o compromisso do líder com o desenvolvimento pessoal e coletivo impulsiona o aprimoramento contínuo das competências da equipe, o que por sua vez resulta em um aumento da produtividade e da qualidade do trabalho.

SINERGIA ENTRE LÍDER EXTRAORDINÁRIO, SENSO DE DONO E LUCRO LÍQUIDO

A relação entre o líder extraordinário, o senso de dono e o lucro líquido é de simbiose. Ao nutrir um ambiente de propriedade e inovação, esse líder motiva os colaboradores a darem o melhor de si, e esse compromisso se refletirá na busca pelo crescimento do lucro líquido. À medida que os membros da equipe se tornam mais engajados, comprometidos e motivados, eles contribuem para aprimorar a qualidade dos produtos e serviços oferecidos. Essa melhoria leva a uma maior satisfação do cliente, à sua fidelização e, consequentemente, ao aumento de receita e lucratividade.

Em última análise, o líder extraordinário é o elo entre a mentalidade de dono, o desempenho financeiro e o sucesso duradouro de uma empresa. Graças a sua visão inspiradora, cultura de excelência e dedicação ao desenvolvimento, o líder cria um círculo virtuoso ao longo do qual os colaboradores se tornam ativos valiosos na busca pela excelência operacional e financeira. Dessa forma, o senso de dono se traduz em resultados tangíveis e impactantes, contribuindo para um crescimento sólido e uma posição competitiva no mercado.

A MENTALIDADE DOS LÍDERES EXTRAORDINÁRIOS. UMA JORNADA "ALÉM DO LIMITE"

Quero começar essa nova etapa relembrando a obra *Mindset: a nova psicologia do sucesso*, lançada em 2006 por Carol S. Dweck, considerada ainda hoje um farol de sabedoria que ilumina os caminhos da liderança extraordinária. Neste capítulo, mergulharemos nas profundezas dessa obra seminal, explorando como os princípios da mentalidade de crescimento se entrelaçam com a jornada dos líderes da classe *Extraordinário*.

Relembrando a fronteira entre o fixo e o crescimento.

Ao adentrar os corredores da Liderança 10X, é impossível não ser influenciado pela dualidade proposta por Dweck. A mentalidade fixa, com suas limitações autoimpostas, e a mentalidade de crescimento, que irradia possibilidades infinitas, formam a linha divisória entre aqueles que são líderes comuns e os extraordinários. Os líderes da classe *Extraordinário* não são definidos apenas por suas conquistas visíveis, mas por sua abordagem mais próxima em relação ao desenvolvimento pessoal e ao sucesso compartilhado.

Desafiando o *status quo*, sempre.

Os líderes extraordinários abraçam o desconhecido, desafiam o *status quo* e acolhem o fracasso como um catalisador do progresso. Eles internalizaram o conceito proposto por Carol Dweck de que a habilidade pode ser cultivada graças ao esforço e à aprendizagem contínuos. Essa mentalidade não só molda suas ações, mas também inspira e capacita suas equipes a se tornarem versões aprimoradas de si mesmas. Ao enfrentar desafios complexos, esses líderes não se intimidam, pois veem cada obstáculo como uma chance de crescimento e superação.

Um dançarino com o medo do palco? Não neste palco!

Imagine um líder extraordinário como um dançarino destemido, dominando o palco da liderança com maestria. Seu *mindset de crescimento* é a melodia que ecoa em cada passo, cada decisão e cada direção. Assim como Dweck destaca que o medo do palco não é o medo de errar, mas o medo de não poder mudar, o que o líder da classe *Extraordinário* mais teme não é o erro, mas sim, a estagnação. Ele ou ela entendem que a verdadeira derrota reside na complacência, não nas falhas temporárias.

A MENTORIA E O CULTIVO DE POTENCIAL

A abordagem dos líderes extraordinários, é que eles não apenas buscam orientação, mas também a fornecem, incentivando o desenvolvimento contínuo das pessoas ao seu redor. Eles veem o potencial das pessoas com quem trabalham, e acreditam que a mudança e o progresso são acessíveis a todos os membros da equipe.

Ao abraçar o *mindset de crescimento*, os líderes da classe *Extraordinário* não apenas superam as expectativas, mas também as expandem. Eles não se contentam em atender o que foi solicitado, mas se esforçam para proporcionar uma experiência transformadora e inesquecível. Ao fazer isso, eles inspiram a confiança, a fidelidade e o respeito de seus *stakeholders*, construindo relacionamentos duradouros e impactando positivamente todos os envolvidos.

Agora, à medida que nos aprofundamos nos corredores do impacto duradouro e da inovação guiados pelo *mindset de crescimento*, convido você a explorar as estratégias práticas que os líderes extraordinários utilizam para transformar expectativas em realizações notáveis.

Junte-se a nós na próxima parte desta jornada, em que desvendaremos as ferramentas e abordagens que esses líderes usam para criar um ambiente de alto desempenho, lucratividade e superação contínua de expectativas.

O futuro da liderança está além das fronteiras da expectativa.

Está pronto para trilhar esse caminho?

A partir deste ponto, para que alguém verdadeiramente se forme um líder da classe *Extraordinário*, essa pessoa deve ser capaz de realizar com maestria o desafio conhecido como Net Profit Day (Dia do Lucro Líquido, em inglês). Nele, o foco está justamente em conduzir o seu time para criação de ações que vão "além" do ordinário, "além" do que foi solicitado e "além" do esperado, estimulando o senso de dono ("olhar para o todo") e a lucratividade, que é o resultado final esperado por uma empresa.

IMPLANTANDO O NET PROFIT DAY!

Desenvolvido por mim com base nas experiências relatadas até aqui (e outras que serão apresentadas mais adiante), o Net Profit Day foi aplicado em mais de quinhentas empresas dentro e fora do Brasil pela equipe de *master trainers* da Netprofit, empresa da qual sou fundador e presidente.

Minha inspiração para a atividade – no formato que iremos explicar a seguir – ocorreu após ter assistido à palestra que Daniel Pink deu no TED Talk em 2009 sobre o tema "enigma da motivação". Nessa apresentação, com o intuito de explicar os conceitos de "propósito", autonomia e maestria, Pink relata os casos da empresa Atlassian, na Austrália, e sua aplicação do conceito de "FedEx Day". A partir desses exemplos, o autor afirma que as pessoas normalmente aprendem e produzem com mais vontade quando têm a liberdade (autonomia) para escolher onde focar para trazer mais resultado, sentem que estão aprendendo algo novo e dominando cada vez mais esse conhecimento por meio de aperfeiçoamentos (maestria) e acreditam que estão contribuindo (propósito) para um bem maior, da companhia, das pessoas e comunidade onde estão inseridos.

O QUE É O FEDEX DAY?

Em seus trabalhos, Dan Pink cita uma prática incomum adotada pela empresa Atlassian, na Austrália, na qual, uma vez a cada trimestre, em uma tarde de quinta-feira, todos os desenvolvedores de *software* são instruídos a trabalhar em qualquer coisa que quiserem durante as próximas 24 horas, desde que essa atividade não faça parte de seu trabalho regular. No entanto, na verdadeira tradição da FedEx de entrega no dia seguinte, espera-se que cada participante "entregue" uma visão geral dos resultados na sexta-feira à tarde.

Não olhe somente para as necessidades isoladas, mas para as oportunidades.

No nosso caso, o Net Profit Day é baseado em ideias e soluções do que nós podemos fazer *mais*, ou *melhor*, ou *mais rápido*, ou *gastando menos*, e que gere *aumento de performance* corporativa e *lucratividade*.

Claro que, para que isso funcione, os líderes devem ser treinados para gerar um ambiente promissor e seguro, tornando a inovação algo natural, gerado coletivamente, e saibam estimular o time a não olhar somente para necessidades isoladas, mas também para necessidades e oportunidades à sua volta que nem sempre são percebidas.

ENTENDENDO O PROCESSO

O "FEDEX DAY" DA ATLASSIAN: CULTIVANDO INOVAÇÃO E AUTONOMIA

- **PASSO 1 – Preparação e anúncio:** a abordagem começa com a comunicação interna. A equipe de liderança anuncia o "FedEx Day" com antecedência, informando a todos os colaboradores sobre a oportunidade que será dada a eles de dedicar um dia inteiro a projetos paralelos e inovadores. Isso gera expectativa e empolgação, preparando todos para uma pausa na rotina habitual de trabalho;
- **PASSO 2 – Dia de inovação:** na tarde de quinta-feira, os desenvolvedores de *software* abandonam suas tarefas regulares e se

concentram em projetos que os inspirem. Eles têm total autonomia para escolher temas que achem interessantes, desafiadores ou que possam gerar impacto. Durante essas 24 horas, as equipes podem formar grupos multidisciplinares para colaborar em ideias diversas;

- **PASSO 3 – Resultados comprometidos:** o aspecto mais importante do FedEx Day é o compromisso com a entrega. Os participantes são incentivados a dedicar tempo e energia aos projetos, aprofundando-se e buscando soluções criativas. Eles não apenas exploram ideias, mas também começam a desenvolver soluções tangíveis e concretas;
- **PASSO 4 – Apresentação e compartilhamento:** na tarde de sexta-feira, as equipes se reúnem para compartilhar seus projetos, e cada participante apresenta os resultados obtidos durante o FedEx Day. Essas apresentações são rápidas e abrangentes, destacando o que foi alcançado, as lições aprendidas e o potencial impacto das soluções desenvolvidas. Isso cria um ambiente de aprendizado e colaboração, no qual todos podem se inspirar com as diferentes abordagens e soluções propostas;
- **PASSO 5 – Reconhecimento e aprendizado:** além de estimular a criatividade e a inovação, o FedEx Day também oferece oportunidades de reconhecimento. As equipes podem votar nas apresentações mais impressionantes ou impactantes, incentivando um senso de competição saudável e reconhecendo os esforços excepcionais;
- **PASSO 6 – Impacto duradouro:** mais do que a de um evento isolado, a prática do FedEx Day pode ter um impacto duradouro. Muitas vezes, as ideias geradas durante esse dia de inovação ganham vida e se tornam projetos reais. A cultura de experimentação e aprendizado contínuo que emerge dele permeia a empresa e contribui para uma mentalidade de crescimento.

BENEFÍCIOS E LIÇÕES DO FEDEX DAY

- **Estímulo à criatividade e à inovação:** a liberdade de explorar novas ideias e abordagens ajuda a liberar a criatividade e incentivar a inovação;

- **Colaboração e interação:** a formação de equipes multidisciplinares promove a colaboração e interação entre funcionários de diferentes departamentos, gerando sinergia e ideias únicas;
- **Empoderamento e autonomia:** o FedEx Day mostra que a empresa valoriza a autonomia e a capacidade dos funcionários de contribuir com soluções impactantes;
- **Compromisso com a entrega:** o foco na entrega final do resultado do trabalho feito livremente no dia anterior reforça a responsabilidade individual e coletiva, incentivando a conclusão de projetos;
- **Criação de uma cultura de inovação:** essa prática se integra à cultura da empresa, estabelecendo uma mentalidade de aprendizado contínuo e busca por melhorias.

Em última análise, o "FedEx Day" criado pela Atlassian é mais do que um simples dia de inovação; é uma filosofia que promove uma mentalidade de crescimento, colaboração e inovação em toda a organização. Essa prática incomum demonstra que as empresas podem colher grandes recompensas ao fornecer espaço para que a criatividade floresça – e, com isso, superar as expectativas dos *stakeholders* tanto internos quanto externos.

NET PROFIT DAY: MAXIMIZANDO LUCROS E EFICIÊNCIA

O objetivo do projeto é estimular a criatividade, promover o pensamento estratégico e a colaboração em busca de oportunidades para *aumentar os lucros e otimizar a eficiência* da empresa.

- **PASSO 1 – Preparação e comunicação:** antes do Net Profit Day, o líder reúne a equipe para explicar o propósito e os benefícios da atividade. Reforce que essa é uma oportunidade para se aplicar o *mindset de crescimento*, no qual todos podem contribuir com ideias valiosas, independentemente de suas funções ou departamentos. Essa abertura cria um ambiente de segurança psicológica, em que cada membro se sente à vontade para expressar suas sugestões, não importando sua hierarquia;

- **PASSO 2 – Atividade de *brainstorming* (duração aproximada: trinta minutos):** divida a equipe em grupos multidisciplinares, incentivando a diversidade de perspectivas. Nesse momento, o líder deve enfatizar a autonomia concedida aos membros para pensar *fora da caixa* e contribuir com soluções inovadoras. Os grupos têm trinta minutos para realizar um *brainstorming*. Essa abordagem reforça o senso de propósito ao dar a todos a oportunidade de contribuir para a atividade;
- **PASSO 3 – Classificação de ideias (aproximadamente vinte minutos):** o método de "Impacto *versus* Esforço" é introduzido como uma maneira de identificar as ideias que apresentam maior potencial. Isso incentiva a equipe a considerar tanto o impacto financeiro quanto a viabilidade de implementação. O processo de classificação incentiva o domínio, pois exige análise crítica e discernimento para avaliar cada ideia;
- **PASSO 4 – Seleção da ideia (aproximadamente quinze minutos):** após a classificação, cada grupo seleciona uma ideia que considera alinhada com o objetivo de maximizar lucros e eficiência. Ao permitir que o grupo faça essa escolha livremente, o líder reforça a autonomia de seus membros, estimulando sua confiança para que tomem decisões impactantes;
- **PASSO 5 – Desenvolvimento da ideia (24 horas):** ao longo das 24 horas seguintes, os grupos têm a oportunidade de mergulhar em seus projetos, desenvolvendo soluções detalhadas. A busca por domínio é estimulada, enquanto os membros exploram a ideia, aprendem novas abordagens e aprofundam-se no planejamento;
- **PASSO 6 – Apresentação (o dia seguinte, à tarde):** na tarde do dia seguinte, o líder destaca a importância da apresentação. O foco deve se voltar ao compartilhamento de aprendizados e avanços, promovendo uma cultura de aprendizado contínuo. Cada apresentação reforça o propósito da atividade e o comprometimento da equipe em contribuir para o sucesso da empresa;

- **PASSO 7 – Avaliação e reconhecimento:** após as apresentações, o líder deve expressar reconhecimento pelas contribuições da equipe, destacando como as ideias impactantes resultam em uma cultura de inovação. Ao enfatizar os esforços e sucessos coletivos, o líder reforça o valor do trabalho em equipe.

O Net Profit Day incorpora princípios do *mindset de crescimento*, segurança psicológica, autonomia e domínio para incentivar a equipe a explorar novas ideias, trabalhar juntos de forma colaborativa e aplicar seus conhecimentos em busca de oportunidades valiosas. Ao criar um ambiente em que cada membro pode (e é estimulado a) fazer contribuições, o líder demonstra um compromisso com o desenvolvimento e o crescimento de todos. O resultado é uma atividade que não apenas gera ideias impactantes, mas também fortalece a coesão da equipe e a cultura de inovação da empresa.

CONHECENDO O CASE DA EMPRESA AEGEA

Com aproximadamente 3.500 funcionários, Aegea é a maior empresa de saneamento do segmento privado no Brasil. Presente em 49 cidades, distribuídas em onze estados brasileiros, ela controla 33% do mercado privado de saneamento básico nacional – correspondente a mais de 7,6 milhões de pessoas atendidas. Contudo, a Aegea enfrentava inúmeros desafios com relação a comunicação, ruídos e informações incompletas, que chegavam às pontas de forma distorcida – em grande parte pelo fato de a organização ser essencialmente descentralizada.

CENTRALIZAR SUAS FORÇAS E RECURSOS EM OBJETIVOS COMUNS E POSITIVOS

A empresa percebeu ser fundamental que as pessoas – e, principalmente, seus gestores – se apropriassem do sentimento de "dono", com foco nos resultados. Além disso, precisavam ter metas mais arrojadas, mais claras, entendíveis, sinérgicas e sistêmicas, como um único time. Deveriam também procurar trabalhar juntas em prol de um único objetivo, centralizando forças e recursos em objetivos comuns e positivos.

Feita essa análise, a empresa selecionada para iniciar o trabalho foi a Águas Guariroba (maior unidade do grupo), concessionária responsável pelos serviços de água, coleta e tratamento de esgoto em Campo Grande, capital do estado do Mato Grosso do Sul. A partir dessa escolha, teve início a implantação do High Performance (treinamento de alta performance para gestores da empresa Net Profit), aplicando-se o *framework* da Liderança 10X no treinamento de mais de sessenta gestores, entre eles, diretores, gerentes, coordenadores, líderes e os principais analistas. Esse trabalho causou um impacto positivo logo nos dois primeiros dias de imersão.

NECESSIDADE DE IMPLANTAÇÃO DA CULTURA DE *ALTA PERFORMANCE*

Por ser um grupo que passava por contínuas cobranças por bons resultados, e cujos integrantes, apesar de majoritariamente experientes, nunca haviam participado de um processo como esse, que os desafiasse e mexesse com todos de forma tão intensa. Esses funcionários puderam perceber na prática como gestores junto ao seu time alcançam resultados extraordinários em tempo recorde, ensinando-os como encontrar respostas, e principalmente como lidar com mudança de pensamento e de comportamento frente a desafios.

Segundo o relato da própria gestora de Planejamento da empresa, Cristhian Taborda, logo ao final dos dois dias de imersão "a empresa começa uma nova história de inovação, criatividade, produtividade e resultados". Isso significa novos tempos de efetividade gerencial, estratégica e organizacional. Taborga relata que as pessoas saíram motivadas e confiantes do treinamento, colocando em prática muitos dos planos de ação definidos em sala.

Contudo, pela forte demanda e necessidade de implantação da cultura de *alta performance* na empresa e para garantir que toda essa movimentação gerasse frutos, foi iniciado na sequência um processo de implantação e acompanhamento, permitindo acelerar ainda mais a performance, a inovação e a obtenção de resultados, chamado de *framework* da Liderança 10X, idealizado por mim, utilizando técnicas de gestão ágeis, mentoria, *coaching* e gamificação.

MAIS DE R$ 11 MILHÕES DE LUCRO LÍQUIDO EXTRA PARA A EMPRESA

Os resultados desse trabalho foram incríveis, com 150 projetos criados durante o Net Profit Day sendo colocados em prática pelos gestores participantes e suas equipes – dos quais 67 obtiveram impactos financeiros mensuráveis: apenas seis meses após o desafio do Net Profit Day, foi gerado um valor estimado de R$ 11.678.232,00 de lucro líquido extra em relação ao planejado para a operação da empresa nesse período.

Apresento a seguir dez exemplos de resultados financeiros atingidos por outras empresas graças à prática, corretamente conduzida, do Net Profit Day.

Empresa	Net Profit a mais que o planejado gerado por meio do Net Profit Day	Número de líderes participantes
Cipalam	R$ 4.401.231,00	27
Brenntag	R$ 8.358.731,00	36
Amsted Maxion	R$ 18.396.017,00	60
Amazonas	R$ 5.445.518,00	32
Duas Rodas	R$ 9.129.887,00	37
Sumitomo	R$ 4.937.340,00	40
Gold Meat	R$ 2.850.114,00	32
Drakkar	R$ 4.567.000,00	40
Aços Continente	R$ 2.234.987,00	20
Apsen	R$ 18.915.378,00	51
Total	**R$ 79.236.203,00**	**375**

Obs: Uma empresa gerou R$ 211 milhões de lucro extra graças à prática de um Net Profit Day. Um retorno sobre o investimento (ROI) de mais de quinhentas vezes o valor investido na capacitação destes líderes no nosso programa HP 4.0, versão Líderes 10X[1].

1 Confira todos esses e outros casos disponíveis no canal do YouTube da Netprofit clicando em https://www.youtube.com/@Netprofit.

É ou não é extraordinário?

Uma empresa deve ter em mente que não é sua mão de obra em si que gera retornos significativos para ela, mas sim o recrutamento das mentes e do coração das pessoas.

Tendo isso em vista, gostaria de ressaltar aqui que centenas de empresas implantaram essa prática cultural de fomento ao protagonismo e à inovação, gerando mais de R$ 1,5 bilhões em lucros extras. Que tal fazer parte desse grupo?

Para isso, seu objetivo é justamente ser um fomentador da alta performance. Crie ambientes e rituais de trabalho propícios para ela se desenvolver. Dê ênfase à descontração, à criatividade, crie grupos multidisciplinares e uma cultura focada em protagonismo e em inovação.

IDEAIS GERAIS BASEADAS EM PROPOSTAS CRIADAS DURANTE OS NET PROFIT DAYS

Os três blocos a seguir foram destacados por mim para indicar os principais pontos sobre os quais líderes da classe *Extraordinário* devem ter maior atenção, e que devem guiar constantemente sua atuação (e a de seu time), principalmente durante os ciclos de Net Profit Day.

O primeiro bloco está mais voltado à *zona de aprendizado*, enquanto o segundo foca mais diretamente em lucro líquido. Já o terceiro é aquele dentre os três que, em alguns casos, traz algo mais futurista e próximo do disruptivo. Quem sabe algumas dessas ideias já podem servir imediatamente de inspiração para você e para o seu time.

Os exemplos citados são propositalmente genéricos, pois cabe a você e a seu time criar ideias que se encaixem na realidade de seu trabalho.

BLOCO 1 – IDEIAS E PROJETOS PROPOSTOS RELACIONADOS À *ZONA DE APRENDIZADO*

- **Programa de ideias inovadoras**

  Criar um programa interno que incentive os colaboradores a apresentar ideias inovadoras para melhorar processos, produtos ou serviços. Ofereça prêmios ou reconhecimento especial para as ideias selecionadas e implementadas. Por exemplo, o Gmail foi um dos diversos produtos que resultaram do programa "20% de Tempo" instituído pela Google, o qual permite a seus funcionários dedicar 20% de seu dia de trabalho a projetos pessoais e inovadores. Permitir que os colaboradores tenham tempo e possam participar de projetos que transcendem sua área de atuação, além de ir ao encontro do conceito de *zona de aprendizado,* é visto como uma grande recompensa/reconhecimento por parte da empresa.

- **Entrega de surpresas personalizadas**

  Surpreender seus clientes ou colaboradores com entregas personalizadas e inesperadas. Imagine que você seja o líder de uma empresa de assinaturas de produtos de beleza. Envie brindes ou amostras exclusivas com as entregas mensais para clientes, ou organize sessões surpresa de treinamento e desenvolvimento para sua equipe.

- ***Hackathons* de inovação**

  Realizar hackathons *regulares para sua equipe, em que ela tem um período curto de tempo para desenvolver soluções inovadoras para desafios específicos da empresa.* Isso não apenas estimula a criatividade, mas também pode resultar em ideias revolucionárias. O desenvolvimento de recursos como o botão "curtir" nasceu a partir de um *hackathon* feito pela empresa Facebook – companhia conhecida por realizar esse tipo de ação interna.

- **Projeto de responsabilidade social impactante**

  Desenvolver um projeto de responsabilidade social que vá além das expectativas. Por exemplo, se você é o líder de uma empresa de tecnologia, organize um programa em que os colaboradores ensinem habilidades digitais a comunidades carentes, capacitando-as para o mundo digital.

- **Ciclos de *feedback* em tempo real**

  Implementar um sistema de feedback *contínuo e em tempo real, permitindo que os clientes ou colaboradores compartilhem opiniões e sugestões imediatamente.* Responda a esses *feedbacks* rapidamente e faça ajustes conforme necessário. Isso mostra um compromisso real em ouvir e gerar melhorias internas. O Airbnb é conhecido por sua abordagem de coleta de *feedback* constante para melhorar as experiências de hospedagem de seus usuários.

- **Sessões de mentorias inovadoras**
  Criar um programa de mentoria interno que vá além das reuniões tradicionais. Organize sessões de "mentoria reversa", em que os colaboradores mais jovens possam compartilhar suas perspectivas e ideias com líderes sêniores. Isso promove uma cultura de aprendizado mútuo e de inovação.

- **Projetos de cocriação com clientes e *stakeholders***
  Envolver os clientes em projetos de cocriação para desenvolver produtos ou serviços que atendam às suas necessidades de maneira singular. Isso pode envolver *workshops* colaborativos, pesquisas aprofundadas e prototipagem conjunta. A "LEGO Ideas" é um ótimo exemplo disso, pois permite aos clientes enviarem as próprias ideias para conjuntos LEGO, sendo as mais populares consideradas para produção.

É importante lembrar que a ousadia e a inovação devem estar alinhadas aos valores da empresa e às expectativas dos *stakeholders*. Essas ações não apenas podem superar as expectativas, mas também demonstram um compromisso genuíno com a excelência e a busca pela melhoria contínua, tornando-se um diferencial competitivo no mercado.

***

O segundo ponto sobre o qual um líder extraordinário deve voltar sua atenção é o lucro líquido da empresa. Isso deve ser feito diariamente, como se ele fosse o dono, buscando constantemente formas de melhorar os resultados econômicos do negócio como um todo – muitas vezes começando pelo seu próprio setor, e expandindo para o todo.

Os exemplos abaixo são possíveis ações que devem ser constantemente analisadas e revisitadas, pois, somadas, têm o potencial de gerar grande impacto sistêmico (e, portanto, de lucratividade) em uma empresa.

BLOCO 2 – IDEIAS E PROJETOS PROPOSTOS RELACIONADOS AO LUCRO LÍQUIDO DA EMPRESA

- **Otimização de processos**

  Convide seu time a identificar ineficiências em processos de produção, logística e operações, buscando redução de custos e aumento da produtividade.

- **Economia de energia**

  Implemente medidas de eficiência energética, como a adoção de tecnologias mais eficientes e a gestão inteligente do consumo de energia.

- **Redução de desperdício**

  Coloque em prática programas para reduzir o desperdício de materiais, insumos e produtos acabados, visando aproveitar ao máximo os recursos disponíveis.

- **Produção customizada**

  Ofereça produtos customizados para atender às demandas específicas dos clientes, cobrando um preço *premium* por eles.

- **Expansão de mercado**

  Busque novos mercados e segmentos de clientes, expandindo sua base de consumidores e diversificando suas fontes de receita.

- **Serviços adicionais**

  Ofereça serviços relacionados aos produtos, como manutenção, treinamento e suporte, visando gerar receitas adicionais.

- **Automação**

  Invista em automação, pois ela pode aumentar a eficiência da produção e reduzir custos trabalhistas.

- **Venda de subprodutos**

  Identifique subprodutos ou resíduos que possam ser vendidos como matérias-primas secundárias ou reutilizados em outros processos.

- **Negociação com fornecedores**

  Renegocie contratos com fornecedores para obter melhores condições de compra, além de descontos por volume.

- **Gestão de estoque**

  Implemente um sistema eficiente de gestão de estoque para evitar o excesso ou a escassez de produtos, reduzindo custos.

- **Parcerias estratégicas**

  Estabeleça parcerias com outras empresas para compartilhar recursos e conhecimento, alcançando economias em escala.

- **Inovação de produtos**

  Desenvolva novos produtos (ou variações dos já existentes) que atendam às necessidades dos clientes e ofereçam margens de lucro mais altas.

- ***Upselling* e *cross-selling***

  Ofereça produtos complementares ou de maior valor para clientes existentes, aumentando o *ticket* médio de cada transação.

- **Melhoria de qualidade**

  Investigue possíveis falhas na qualidade dos produtos e implemente melhorias para reduzir o custo do retrabalho ou possíveis devoluções.

- **Diversificação de canais de venda**

  Expanda sua presença em canais de venda, como *e-commerce*, *marketplaces* e parcerias comerciais.

- **Programas de fidelidade**

  Crie programas de fidelidade que recompensem clientes recorrentes, incentivando-os a continuar comprando.

- **Redução de custos de manutenção**

  Implemente programas de manutenção preventiva para prolongar a vida útil dos equipamentos e reduzir custos de reparo.

- **Revisão de preços**

  Analise seus preços em relação à concorrência e ao valor percebido pelos clientes, considerando ajustes para maximizar a receita.

- **Venda de ativos não essenciais**

  Avalie a possibilidade de vender ativos que não são essenciais para a operação da fábrica, como terrenos ou equipamentos subutilizados.

- **Melhoria da gestão financeira**

  Adote práticas de gestão financeira mais eficientes, como a análise constante de fluxo de caixa, redução de endividamento e negociação de condições bancárias.

Lembre-se de que cada ideia deve ser avaliada cuidadosamente em relação ao contexto específico da empresa, seus recursos e seu mercado. A combinação certa de estratégias pode resultar em um aumento significativo do lucro líquido.

***

Finalmente, mas não menos importante, é essencial que um líder amplie sua visão para além do óbvio, do ordinário, caso ele queira avançar da melhoria contínua e inovação incremental para algumas inovações, digamos, mais disruptivas, atingindo o nível de líder da classe *Explorador*.

BLOCO 3 – IDEIAS E PROJETOS CRIATIVOS E/OU DISRUPTIVOS

- **Fábricas inteligentes**

  Invista em tecnologias da chamada "Indústria 4.0", como IoT[2], análise de dados e automação avançada para otimizar processos e reduzir custos.

- **Economia circular**

  Implemente um modelo de economia circular, reutilizando materiais e produtos, minimizando o desperdício e gerando novas fontes de receita.

- **Energias renováveis**

  Utilize fontes de energia renovável, como a solar e a eólica, visando reduzir os custos de eletricidade no longo prazo.

- **Logística reversa**

  Crie programas de logística reversa para recolher, reciclar ou recondicionar produtos e materiais, gerando receita e promovendo a sustentabilidade.

2 O conceito Internet of Things (IoT), ou internet das coisas, como é conhecido em português, refere-se à interconexão digital de objetos cotidianos com a internet.

- **Gestão de riscos**

  Identifique e mitigue riscos financeiros e operacionais que possam afetar a lucratividade da empresa.

- **Mobilidade verde**

  Invista em frotas de veículos elétricos ou híbridos para reduzir os custos com combustíveis e emissões de carbono.

- **Economia de água**

  Implemente tecnologias para reduzir o consumo de água, diminuindo custos e impactos ambientais.

- **Realidade aumentada**

  Utilize a realidade aumentada para otimizar os treinamentos, a manutenção e o diagnóstico de equipamentos, reduzindo custos operacionais.

- **Produção *just-in-time***

  Adote o modelo de produção *just-in-time* para minimizar estoques e custos associados a eles.

- **Compras colaborativas**

  Crie parcerias com outras empresas para comprar insumos em grande volume e obter descontos significativos.

- **Inovação aberta**

  Promova programas de inovação aberta, envolvendo clientes, fornecedores e até concorrentes para desenvolver soluções inovadoras.

- **Cadeia de suprimentos sustentável**

  Selecione fornecedores alinhados com práticas sustentáveis, evitando custos adicionais associados a questões éticas.

- **Produtos *premium***

  Desenvolva produtos *premium* com margens mais altas e baseados nas tendências de mercado.

- **Diversificação de mercado**

  Identifique oportunidades em mercados internacionais e diversifique a base de clientes para reduzir riscos e aumentar a receita.

- **Venda de valor**

  Precifique produtos e serviços com base no valor percebido pelo cliente, em vez de apenas nos custos de produção.

- **Plataformas digitais**

  Crie plataformas *on-line* para oferecer serviços de valor agregado, como treinamentos, consultoria e suporte técnico.

- **Produtos de assinatura**

  Ofereça modelos de assinatura para produtos que gerem receitas recorrentes e fidelizem os clientes.

- **Desenvolvimento de talentos**

  Invista no desenvolvimento dos colaboradores, aumentando a retenção de talentos, a motivação e a produtividade.

- **Gestão de ativos**

  Utilize sistemas avançados de gestão de ativos para prolongar a vida útil de equipamentos e reduzir custos de manutenção.

- ***Marketplace* interno**

  Crie um *marketplace* interno para que funcionários possam comprar e vender produtos e serviços, gerando receita adicional.

- **Gestão de dados**

  Utilize a análise de dados para identificar padrões de consumo e comportamento de seus clientes que possam levar a decisões mais estratégicas.

- **Plataformas de *crowdsourcing***

  Engaje clientes e seu time em projetos colaborativos para desenvolver soluções e melhorias, fortalecendo a lealdade.

- **Fabricação aditiva**

  Explore a impressão 3D para produção de peças e protótipos, reduzindo custos e aumentando a agilidade.

- **Receita de dados**

  Monetize dados não utilizados por meio de análise de mercado e venda de *insights* relevantes para outras empresas.

- **Canal de vendas *on-line***

  Expanda a presença *on-line* da empresa, colocando-a em *marketplaces* ou lojas virtuais, visando alcançar mais clientes e reduzir custos de distribuição.

- **Rastreabilidade *blockchain***

  Utilize a tecnologia *blockchain* para rastrear a origem e a autenticidade de produtos, agregando valor e confiança para seus clientes.

- **Gamificação interna**

  Implemente programas de gamificação para motivar e recompensar funcionários de acordo com metas e desempenho.

- **Modelo de franquias**

  Expanda suas operações por meio de franquias, permitindo o crescimento da marca sem grandes investimentos.

- **Produtos de alto valor agregado**

  Desenvolva produtos de alto valor agregado – como edição limitada ou personalizada – para atrair clientes dispostos a pagar mais.

Além desses exemplos, práticas e rituais tal qual o Net Profit Day devem ser implantados como parte da estratégia da empresa[3]. Esse ponto é importante, pois empresas que atingem resultados extraordinários, invariavelmente, são aquelas capazes de envolver seus times de forma disciplinada e constante em rituais de engajamento "extraordinário", focados em aumentar a performance da empresa. Nesse contexto, é vital que todos, sem exceção, possam (e devam) ser protagonistas e incentivados por inovar, contribuindo para que a empresa se coloque sempre à frente de seus concorrentes.

TENHA CORAGEM PARA SER O LÍDER AGENTE DE MUDANÇAS QUE A SUA EMPRESA TANTO PRECISA.

3 Recomenda-se que essas práticas sejam realizadas idealmente a cada noventa dias.

CAPÍTULO **11.**

APLICAÇÃO: LÍDER DAS CLASSES ***EXPLORADOR* E *EXPONENCIAL***

PARABÉNS!

Se você chegou até aqui, eu sei do longo caminho que teve de percorrer. Por isso, estendo minha sincera admiração por sua persistência e ousadia. São poucos líderes disposto a se desenvolver, e mais ainda humildes para aprender.

Este capítulo pode parecer o fim de uma jornada, mas, na verdade, é apenas o começo de uma viagem ainda mais ousada e gratificante. Estamos falando de mirar na Lua para ganhar as estrelas. Chegar a um lugar onde poucas pessoas chegaram – ou melhor, poucas tiveram a coragem de sequer tentar.

As informações que serão apresentadas nas próximas páginas têm como objetivo ajudá-lo a escrever uma nova jornada para si mesmo – desta vez, ainda mais alta –, e a se tornar um líder com pensamento das classes *Explorador* e *Exponencial*. Juntas, elas originam uma grande mentalidade, digamos, mais *empreendedora*; uma *plataforma de superpoderes* que tornará o enfrentamento de soluções de grande escala e alto impacto menos trabalhoso do que já se mostrou.

Por essa razão, você aprenderá a adotar uma nova mentalidade: o pensamento *Moonshot* ("voo à Lua", em tradução livre para o português). Com ela, aprenderá a priorizar melhorias de *dez vezes* (10x), em vez de melhorias de 10%. A partir desse tipo de pensamento, o objetivo é se tornar um gestor com capacidades aprimoradas, de modo que você possa usar uma lente de realidade aumentada para elevar seu nível de sensibilidade às oportunidades potencialmente disruptivas. É importante observar que estou falando de realidade *aumentada*, e não de realidade *virtual*, distinção essa que considero muito significativa. O objetivo do pensamento *Moonshot* (ou *pensamento de 10x*) não é perder de vista nem a realidade nem o pensamento de 10%, mas sim complementá-los.

Em segundo lugar, para desenvolver capacidades aprimoradas, você precisará compreender melhor o que pode ser disruptivo em seu ambiente competitivo. Como Picasso disse, é necessário "aprender as regras como um profissional, para que possa quebrá-las como um artista".

Neste livro, você poderá abordar a disrupção de maneira sistemática, pois se não puder antecipar esses sinais, não conseguirá transformá-los em oportunidades e muito menos se tornar o próprio agente disruptivo. Portanto, é importante aprender a se aproximar da postura de um profissional da disrupção.

Em terceiro lugar, um dos fatos mais importantes observados nos últimos anos dentro desse contexto é que as inovações mais disruptivas não ocorrem em seu terreno competitivo habitual, mas sim em uma nova área que cresce distante da qual você normalmente compete. Às vezes, essas inovações até surgem em um ponto cego de sua posição como uma empresa estabelecida. Por exemplo, na indústria automobilística, a Volkswagen competia até alguns anos atrás com empresas como a Toyota, mas hoje enfrenta concorrência da Uber e do Google (Waymo), empresas de tecnologia que estão muito distantes de seu setor convencional.

Um fator crucial para se tornar um líder da classe *Exponencial* é a capacidade de estar atento, antecipar, lançar e concretizar tais oportunidades. Sem uma mentalidade *Moonshot*, os líderes das empresas podem deixar de perceber ou agir sobre essas oportunidades.

Apesar desse tipo de pensamento tratar essencialmente de gerar melhorias de alto impacto, não estamos desvalorizando os benefícios trazidos pelas melhorias incrementais, pois, quando acumuladas ao longo do tempo, elas também podem resultar em um impacto de 10x. É importante destacar o equilíbrio entre 10x e 10%; entre visões futuras e metas atuais.

O pensamento *Moonshot* e a mentalidade 10x não visam substituir o que já existe, mas sim ampliar. Neste capítulo, apresentaremos diversos exemplos dessa perspectiva em ação. Eles auxiliarão líderes de organizações de todos os portes – grandes, médias e pequenas – a compreender a promessa e o potencial das tecnologias exponenciais, orientando-os para um caminho mais sólido rumo ao futuro. Até mesmo *startups* encontrarão novas ideias que podem impulsionar sua jornada de disrupção e transformação do mundo.

Por exemplo, quando os primeiros aplicativos de mobilidade, como Uber e Lyft, começaram a se disseminar, alguns analistas avaliaram seu potencial de mercado. Alguns deles utilizaram o mercado de táxis como referência, calculando o potencial da Uber ou da Lyft como uma porcentagem desse mercado. Ou seja, essa abordagem considerou esses aplicativos como melhorias incrementais em relação aos táxis convencionais.

No entanto, graças ao potencial de certas tecnologias, como o GPS e os *smartphones*, tanto a Uber quanto a Lyft mostraram que estavam visualizando a realidade por meio de uma lente diferente: um modelo mental de 10x no qual consideravam que o fornecimento de veículos para seus aplicativos não se limitaria aos taxis existentes, mas poderia englobar qualquer pessoa com um veículo disponível, gerando assim interesse e demanda em uma escala totalmente nova.

Voltaremos a esse exemplo posteriormente, mas, por ora, é fundamental reter que, enquanto tecnologias exponenciais estavam acessíveis e relativamente disponíveis para todos, um grupo de empreendedores conseguiu enxergar a possibilidade de usá-las de maneira recorrente graças ao que chamamos de pensamento *Moonshot*. Essa lente está ao alcance tanto de empresas já estabelecidas quanto de *startups*, sendo um atalho mental para ativar nosso modo exploratório. No entanto, exploraremos como uma das razões pelas quais a aplicação do pensamento *Moonshot* nas empresas incumbentes é atualmente mais crucial, dado que esse reside precisamente no fato de que empreendedores podem ter acesso a uma espécie de *plataforma de superpoderes* a partir dessa abordagem.

Porém, antes de começar, quero destacar que a maioria dos gestores para quem já ministrei treinamentos, sessões de mentoria e reuniões nos últimos anos costuma dizer que seu principal obstáculo à inovação e à transformação não é a parte mais explícita da inovação (a tecnologia), mas sim aquilo que não é visível a olho nu: o conjunto de hábitos que tendemos a enquadrar dentro da paisagem borrada da cultura empresarial e que se manifestam em uma maneira específica de pensar. É por isso que gosto de dizer que a verdadeira tecnologia exponencial das organizações não é a própria *tecnologia*, cujo acesso está cada vez mais aberto e ao alcance de todos, mas a mentalidade com a qual as decisões são tomadas. Em outras palavras, a principal tecnologia para a qual devemos direcionar nossa atenção somos nós mesmos.

ADOTANDO UM PENSAMENTO *MOONSHOT*/10X

Escolhemos ir à Lua?

> *Escolhemos ir à Lua nesta década e fazer outras coisas, não porque sejam fáceis, mas porque são difíceis; porque esse objetivo servirá para organizar e medir o melhor de nossas energias e habilidades; porque esse desafio é algo que estamos dispostos a aceitar, um desafio que não estamos dispostas a adiar e que pretendemos vencer, assim também como outros.*
>
> *John F. Kennedy, ex-presidente norte-americano*

Este breve trecho do discurso do presidente Kennedy em setembro de 1962 na Universidade Rice, em Houston, anuncia o Projeto Moonshot. Em julho de 2019, celebramos o aniversário de 50 anos do pouso da Apollo 11 na Lua, e o retorno triunfal de sua tripulação à Terra. Sem dúvida, esse ainda permanece como um dos marcos mais emblemáticos da história humana, que jamais será esquecido.

Agora, faço a primeira pergunta: Você deseja de fato chegar à Lua? Deseja ser um gestor empreendedor capaz de realizar feitos grandiosos e deixar sua marca na história? Se a sua resposta for "Sim", então avançaremos juntos para a última etapa de nossa jornada.

POR ONDE DEVEMOS COMEÇAR?

A metodologia *Moonshot Thinking*, mais audaciosa que as abordagens anteriores, busca incitar a criação de soluções inovadoras e disruptivas para desafios complexos. Inspirada pelos projetos visionários da NASA, os quais buscavam conquistar objetivos aparentemente inatingíveis, essa abordagem fomenta uma mentalidade de alto impacto e transformação. Entretanto, para que isso aconteça, precisamos focar em três letras: MTP.

O discurso de Kennedy em 1962 foi como uma semente contendo um Propósito Massivamente Transformador (MTP, do inglês *massive transformative purpose*) para uma nação inteira, algo como *superar os limites humanos*. Não há dúvida de que enormes esforços foram mobilizados para chegar à Lua: do risco de falha no projeto até, pior ainda, um acidente catastrófico durante a execução, muitas dificuldades foram enfrentadas. No entanto, elas foram encaradas com coragem. As pessoas envolvidas em cada estágio da missão até o verão de 1969 sabiam que estavam contribuindo para um MTP que teria um impacto na humanidade como um todo. Esse propósito transcenderia o curto prazo e deixaria um legado duradouro.

Vale ressaltar que o discurso de Kennedy, quando ouvido em sua totalidade, emana credibilidade. Cada etapa do Projeto Moonshot foi planejada para antecipar desafios potenciais e se preparar para enfrentar a *jornada* como um todo. Isso é crucial: cada *Moonshot* traz consigo inspiração, cria um novo sistema de crenças e valores, mesmo que uma grande parte da sociedade possa inicialmente discordar (conforme relatado pela revista científica *Nature*, menos de 20% da comunidade científica da época apoiava o projeto).

O criador do conceito MTP, Salim Ismail, autor de *Exponential Organizations* (Editora Bubok, 2016) e um dos cofundadores da Singularity University, cunhou o termo para descrever a fonte de inspiração de empresas que transformaram o cenário dos negócios nos últimos anos, caracterizadas por um crescimento exponencial.

Um dos exemplos de MTP frequentemente citados por Salim Ismail é o da Google e seu MTP de "organizar as informações do mundo". Além de ser emocionante e simples, um MTP deve ser credível, um guia para muitas pessoas e uma fonte de crescimento futuro. Quando a Google assume a missão de organizar as informações do mundo, isso não se limita a buscas convencionais em qualquer dispositivo. Seu projeto era abrir a possibilidade para incubar uma empresa de direção autônoma, já que o cerne operacional de qualquer veículo autônomo é a organização de informações contextuais, ou mesmo investir em empresas como a Calico, na área da biotecnologia, cujo propósito é organizar informações biológicas.

No entanto, o fator mais crucial em qualquer *Moonshot* é a capacidade de execução, que se inicia com a transmissão de sinais de credibilidade. Em 2010, quase cinquenta anos após o discurso de Kennedy, a Google lançou o laboratório de inovação Google X, que viria a ser conhecido como a "fábrica de *Moonshots* da Google". Nesse laboratório, trabalha-se em semissegredo na concepção e no desenvolvimento de *Moonshots*. Astro Teller, o diretor do Google X, define esse conceito como uma solução radical para um desafio imenso, utilizando tecnologias exponenciais com o objetivo de impactar positivamente a vida de um bilhão de pessoas ou mais. O projeto mais icônico gerado pelo Google X foi o de direção autônoma, que eventualmente evoluiu para uma empresa independente, a Waymo.

A mentalidade *Moonshot* incentiva as pessoas a:

- **Questionar o *status quo*.** Ao se perguntarem "E se pudéssemos melhorar isso em dez vezes ou mais?", as pessoas são levadas a questionar a maneira como as coisas são feitas atualmente. Isso leva à busca por alternativas mais eficientes e impactantes;
- **Buscar soluções transformadoras.** O *Moonshot* exige que as pessoas explorem soluções disruptivas e inovadoras, muitas vezes saindo da zona de conforto e adotando abordagens nunca antes consideradas;
- **Pensar grande, ser ambicioso.** Ao estabelecer metas de 10x ou mais, o *Moonshot* inspira um pensamento ambicioso. Isso ajuda a expandir os horizontes mentais das pessoas, levando-as a buscar oportunidades de alto impacto;
- **Focar em um propósito massivamente transformador.** O *Moonshot* não é apenas sobre melhorias tecnológicas, mas também sobre alcançar um propósito maior que inspire transformações positivas para a sociedade. Isso muda o foco de apenas atender às necessidades imediatas para abordar desafios significativos e duradouros;
- **Desafiar a aversão ao risco.** A mentalidade *Moonshot* encoraja as pessoas a abraçar riscos calculados em busca de recompensas extraordinárias. Ela redefine o fracasso como um passo necessário no caminho para alcançar metas ousadas;
- **Fomentar a colaboração e a inovação.** O *Moonshot* geralmente requer a colaboração de especialistas de várias áreas. Isso promove uma cultura de aprendizado contínuo, inovação interdisciplinar e troca de ideias.

Em resumo, o conceito de *Moonshot* não é apenas sobre alcançar resultados incríveis, mas também sobre mudar fundamentalmente a mentalidade das pessoas. Ele as empodera para abordar desafios com uma perspectiva audaciosa, transformando obstáculos em oportunidades de impacto transformador.

Exemplo

Vamos imaginar uma empresa atuando com uma estratégia de crescimento padrão, na qual se definiu como objetivo o crescimento de suas vendas *on-line* em 25% em um período de dois anos.

Modelo de metas de trabalhos no formato padrão

Empresa: E-Shop.

Segmento: Comercio eletrônico.

Meta: Crescimento de 25% das vendas *on-line* nos próximos dois anos.

Solução convencional: A equipe da E-Shop decide adotar uma abordagem convencional, considerada "agressiva" por ela, a qual incluiu um aumento de gastos com marketing digital, lançamento de um calendário com promoções sazonais e expansão de sua presença em plataformas de mídia sociais. Além dessas ações, são feitos alguns investimentos para otimizações da plataforma de comércio eletrônico e é contratada uma consultoria especializada com o intuito de melhorar a experiência do usuário. Esses investimentos elevam os custos de venda em 22,5% em relação ao ano anterior.

Resultado: Embora a E-Shop tenha conseguido aumentar suas vendas em cerca de 16% no primeiro ano, o mercado de comércio eletrônico como um todo cresceu 20% no mesmo período, indicando que a empresa não conseguiu de fato se diferenciar significativamente de seus concorrentes.

A abordagem convencional levou a melhorias incrementais, mas não gerou um impacto transformador de vendas, ou a forma como os clientes interagiam com a marca. As margens de lucro se mantiveram quase as mesmas, apesar de o trabalho em geral ter aumentado.

Agora, vejamos como seria, caso a empresa tivesse utilizado o modelo de *meta Moonshot* com um Propósito Massivamente Transformador (MTP).

Empresa: E-Shop

Segmento: Comercio eletrônico.

Meta: Crescer dez vezes suas vendas em dois anos.

Objetivo: Tornar o comércio eletrônico acessível para todas as pessoas, independentemente de sua localização geográfica ou nível de tecnologia.

Solução *Moonshot*: A equipe da E-Shop adota uma abordagem radicalmente diferente. Eles desenvolvem uma plataforma de comércio em parceria com empresas privadas e governamentais, criando uma plataforma "inovadora" que integra inteligência artificial, realidade virtual e compras no metaverso. E também estabelecem parcerias com ONGs para treinar empreendedores locais e capacitá-los a demonstrar e vender produtos *on-line* utilizando seus próprios celulares.

Resultado: A E-Shop não apenas revoluciona a forma como o comércio eletrônico é feito, mas também cria um impacto social e econômico significativo. Ela expande o acesso ao comércio eletrônico para comunidades antes excluídas, capacita empreendedores locais e promovem inclusão digital. O resultado é um crescimento exponencial nas vendas e uma mudança positiva na vida das pessoas que eles atendem.

Conclusão: Enquanto o primeiro caso resultou em melhorias limitadas e incrementais, o segundo ilustra como aliar o *Moonshot* ao MTP pode gerar resultados muito mais impactantes. Ao questionar os limites convencionais e buscar melhorias de 10x ou mais, as empresas podem se inspirar a adotar abordagens inovadoras que não apenas impulsionam seu crescimento, mas também criam mudanças profundas e positivas em suas indústrias e na sociedade como um todo.

SUPERPODERES DO EMPREENDEDOR: NOVOS MODELOS DE NEGÓCIO A PARTIR DO ZERO

As inteligências artificiais (IAs) amplificam os *superpoderes* dando-lhes acesso a recursos infinitos. Os novos padrões possibilitados pelas

IAs começam a emergir como serviços sob demanda oferecidos por gigantes da tecnologia. A Google, por exemplo, incorporou em seu serviço TensorFlow uma biblioteca de códigos de IA que empreendedores podem utilizar para lançar seus produtos. Recentemente, a Amazon disponibilizou seu algoritmo preditivo baseado em *aprendizado de máquina* como um serviço para empresas.

É por isso que Andrew Ng, um cientista da Universidade Stanford fundador da Google Brain, da Coursera e da deeplearning.ai – e possivelmente um dos dez principais especialistas em inteligência artificial do mundo – frequentemente afirma que a "Inteligência Artificial é a nova eletricidade". Por extensão, as gigantes da tecnologia, como a Google, a Amazon, o Facebook e a Microsoft, estão se tornando as novas empresas de serviços públicos das quais o restante das empresas se beneficia para aprimorar sua produtividade. A renomada empresa de consultoria McKinsey & Company prevê que a progressiva implementação de IA nas empresas gerará uma significativa criação de valor, não tanto por meio de novas aplicações (como previsto pela Ark Invest[1]), mas sim por meio de aprimoramentos na produtividade. Em outras palavras, a capacidade de realizar mais com menos recursos.

Um exemplo ilustrativo desse impacto é o *design* generativo, que demonstra como ferramentas com diferentes níveis de inteligência podem influenciar nossa produtividade cotidiana. O *design* generativo é um processo de *design* transformado pela inteligência artificial. Nele, um sistema gera uma série de resultados que solucionam um problema de *design* específico, levando em consideração um conjunto de restrições introduzidas pelo *designer*.

Imagine que se deseje projetar uma aeronave futurista. Embora existam diversas limitações relacionadas a sua engenharia, sabemos quais objetivos gostaríamos de atingir para que ela se torne realidade. Por exemplo, caso um deles seja torná-la 25% mais eficiente que as atuais aeronaves, um *software* de *design* generativo inteligente seria capaz de

1 ARK Investment Management LLC é uma empresa de investimentos, fundada em 2014 e baseada na Flórida, Estados Unidos. Seu principal foco é o investimento em negócios de *tecnologia disruptiva*, como inteligência artificial, veículos elétricos, tecnologia de *blockchain* e sequenciamento de DNA.

delinear – com base nesse objetivo, apesar de ainda sujeito a várias restrições – um plano detalhado sobre como deveria ser conduzido esse projeto. Esse plano é o resultado da combinação de milhões de possibilidades, algo que uma equipe de seres humanos levaria várias décadas, ou mesmo séculos, para alcançar por meio de interações humanas.

Angela Duckworth, autora de *Grit* (Penguin, 2016), sugere uma abordagem semelhante, mas com uma pequena variação. Argumentado que aqueles que alcançam vantagens significativas (no estilo *10x*) o fazem ao combinar duas ou três categorias nas quais se destacam. Em outras palavras, a vantagem exponencial às vezes não é conquistada apenas por alguém ser o melhor em um aspecto específico, mas por ser o melhor em uma combinação única de características que é difícil de se imitar. Utilizando a pergunta catalisadora do pensamento *Moonshot*, podemos nos forçar a ser sistemáticos e explorar cenários que nos levem a ser mais competitivos.

CASOS ILUSTRATIVOS DE COMO O *MOONSHOT* PODE SER APLICADO

CASO 1 – *MOONSHOT THINKING* REVOLUCIONANDO A EDUCAÇÃO GLOBAL

Imagine uma organização sem fins lucrativos chamada Education4All, que está comprometida em oferecer educação de qualidade a crianças de regiões carentes ao redor do mundo. Após anos fornecendo materiais educativos e treinamento de professores para escolas em comunidades desfavorecidas, a Education4All começou a perceber que, apesar de seus esforços, ainda havia um enorme número de crianças sem acesso à educação.

Diante dessa constatação, a CEO da empresa Maria Angeles Catalam tomou a decisão de aplicar o conceito de *Moonshot* para redefinir a forma como a educação global estava sendo abordada, fazendo a si mesma a seguinte pergunta desafiadora: "Como podemos garantir que todas as crianças, independentemente de onde vivam, tenham acesso a uma educação de qualidade?".

Em vez de se concentrar apenas em construir mais escolas e fornecer recursos tradicionais, ela percebeu que a tecnologia e a conectividade poderiam ser os catalisadores para uma mudança transformadora. Ela imaginou um Global Learning Ecosystem (Ecossistema de Aprendizagem Global) que poderia levar a educação a qualquer criança que tivesse acesso à internet, independentemente de sua localização geográfica.

O *Moonshot* da Education4All consistiu em desenvolver uma plataforma educacional digital que oferecesse currículos personalizados, recursos interativos e acesso a professores virtuais de todo o mundo. Essa plataforma não apenas superaria as barreiras geográficas, mas também permitiria que as crianças aprendessem no próprio ritmo, incentivando a autonomia e a curiosidade.

Para concretizar essa visão, Maria Angeles Catalam e sua equipe precisaram repensar completamente seu modelo operacional, bem como buscar parcerias estratégicas com empresas de tecnologia, provedores de internet e especialistas em educação *on-line*. A Education4All também desenvolveu programas de treinamento para capacitar os professores locais a fim de que eles pudessem usar a plataforma de forma eficaz.

O resultado foi um ecossistema educacional que transformou a maneira como a educação era entregue e recebida. A Education4All não estava mais apenas construindo escolas físicas, mas uma ponte digital para o conhecimento. Milhões de crianças em todo o mundo tiveram a oportunidade de aprender e prosperar graças ao *Moonshot* audacioso de Maria Angeles Catalam e sua equipe.

CASO 2 – O *MOONSHOT THINKING* TRANSFORMANDO A INDÚSTRIA DO AGRONEGÓCIO

A fazenda EcoHarvest tomou a decisão de adotar o conceito de *Moonshot* para se tornar a primeira fazenda do mundo totalmente alinhada com os princípios ESG (do inglês: *environmental, social and governance*; em português: ambiental, social e governança).

No passado, fazendas geralmente focavam em práticas agrícolas tradicionais, buscando melhorias incrementais em suas operações para reduzir o impacto ambiental gerado por elas. No entanto, a EcoHarvest decidiu romper com essa abordagem convencional. Em vez de apenas procurar melhorias de 10% em suas práticas ESG, os administradores da fazenda fizeram a si mesmos a ousada pergunta: "E se pudéssemos ser a primeira fazenda a alcançar um alinhamento ESG de 100% no mundo?". Adotando a mentalidade de *Moonshot*, a EcoHarvest enfrentou diversos desafios para atingir essa meta ambiciosa.

- **Ambiental:** a fazenda buscou maneiras de reduzir a zero sua pegada de carbono. Isso envolveu a transição para práticas agrícolas regenerativas, cultivo orgânico e implementação de energias renováveis;
- **Social:** a EcoHarvest focou na criação de oportunidades equitativas para os trabalhadores da fazenda e na promoção do bem-estar da comunidade local. Isso incluiu investir em treinamento e desenvolvimento para os trabalhadores e colaborar com instituições locais para melhorar a qualidade de vida na área;
- **Governança:** a fazenda adotou práticas de governança transparentes e éticas, garantindo que suas operações fossem conduzidas de forma responsável e de acordo com os mais altos padrões.

Para enfrentar esses desafios, a EcoHarvest adotou soluções inovadoras:

- **Ambiental:** a fazenda implementou técnicas de agricultura regenerativa, como a rotação de culturas e o plantio direto, para melhorar a saúde do solo e reduzir a necessidade de produtos químicos. Também instalou painéis solares para gerar energia limpa e investiu em sistemas de captação e reúso de água;
- **Social:** a EcoHarvest estabeleceu parcerias com instituições locais de educação e treinamento para fornecer oportunidades de capacitação aos trabalhadores. Além disso, implementou programas de saúde e segurança no trabalho para garantir o bem-estar de todos;
- **Governança:** a empresa adotou políticas transparentes de prestação de contas e implementou um sistema de monitoramento para garantir o cumprimento de seus objetivos ESG, além de estabelecer canais de comunicação abertos para receber *feedback* da comunidade local.

Os resultados foram extraordinários. Ao adotar o conceito de *Moonshot* e perseguir a visão de uma fazenda 100% alinhada com os princípios ESG, a EcoHarvest não apenas transformou as próprias operações, mas também inspirou outras fazendas e empresas agrícolas a adotar práticas mais sustentáveis. A empresa se tornou um exemplo de como a inovação e a visão podem levar a resultados transformadores, ao mesmo tempo que fortalecem as comunidades locais e melhoram o meio ambiente.

O principal objetivo do conceito de *Moonshot* neste caso foi desafiar as limitações tradicionais da agricultura e estimular a busca por um alinhamento ESG de 100%. Essa mentalidade não apenas impulsionou a EcoHarvest a alcançar resultados sem precedentes, mas também destacou como uma visão ambiciosa e uma abordagem inovadora podem ser catalisadoras de mudanças positivas em todos os aspectos de uma organização. Isso ilustra como o *Moonshot Thinking* pode estimular um *mindset* de busca por soluções transformadoras, independentemente da indústria em questão.

CASO 3 – O PENSAMENTO *MOONSHOT* CRIANDO LÍDERES VISIONÁRIOS PARA UM MUNDO SUSTENTÁVEL

- **Empoderamento sustentável:** em vez de focar apenas nas habilidades de liderança tradicionais, a VisionaryLeaders projetou treinamentos que capacitavam os líderes a se tornarem agentes de mudanças sustentáveis. O que incluiu tópicos como liderança responsável, impacto social e desenvolvimento sustentável;
- **Colaboração global:** a VisionaryLeaders estabeleceu uma parceria com líderes e organizações de diversos setores em todo o mundo. Os líderes participantes foram expostos a desafios globais reais e incentivados a colaborar para encontrar soluções inovadoras;
- **Ações tangíveis:** a empresa não apenas ensinou teoria, mas também desafiou esses líderes a criar projetos tangíveis que tivessem um impacto real em suas comunidades e no meio ambiente. Eles foram incentivados a implementar soluções concretas que abordassem questões como mudanças climáticas, desigualdade social e acesso à educação.

Os resultados desse *Moonshot* foram:

- **Líderes visionários:** os líderes treinados pela VisionaryLeaders não eram apenas habilidosos em suas funções, mas também visionários que buscavam soluções para os desafios mais prementes do mundo;
- **Mudanças sociais:** os projetos liderados pelos participantes tiveram um impacto significativo em suas comunidades, abordando questões como fornecimento de água limpa, energia renovável e empoderamento de mulheres;
- **Reputação ampliada:** a VisionaryLeaders ganhou reconhecimento global como a empresa pioneira na criação de líderes com propósitos transformadores. Sua abordagem ousada atraiu a atenção de organizações, mídia e líderes de todo o mundo.

O objetivo principal do *Moonshot* neste caso foi não apenas treinar líderes competentes, mas também criar uma nova geração de líderes visionários que pudessem atuar como agentes de mudanças globais. A mentalidade *Moonshot* inspirou a VisionaryLeaders a romper as barreiras convencionais e a buscar um impacto significativo além dos limites tradicionais dos treinamentos de liderança.

Esse caso ressalta como esse tipo de pensamento pode ser uma ferramenta poderosa para desafiar as normas existentes e buscar resultados transformadores que vão muito além do que é considerado possível. A ousadia, a visão global e o foco no impacto social demonstram como esse conceito pode impulsionar a inovação e inspirar soluções revolucionárias.

Os exemplos a seguir são de empresas mais ligadas ao nosso dia a dia, mas que, de certa forma, utilizam esses mesmos conceitos.

AIRBNB E A *HOSPEDAGEM ÚNICA*

O Airbnb revolucionou a indústria de hospedagem ao permitir que as pessoas aluguem suas casas e propriedades para viajantes. Eles superaram as expectativas dos viajantes oferecendo uma variedade de acomodações únicas, como castelos, barcos e até mesmo *casas na árvore*. Isso não apenas atraiu clientes, mas também incentivou os anfitriões a inovar em suas ofertas a fim de proporcionar experiências mais memoráveis.

AMAZON PRIME E A *ENTREGA RÁPIDA*

A Amazon superou as expectativas dos clientes ao lançar o serviço Amazon Prime, o qual oferece entrega rápida e gratuita para milhões de itens vendidos pela empresa. Além disso, a Amazon busca inovar constantemente em suas opções de entrega, a exemplo da "entrega em um dia". Esses serviços não apenas aumentaram a satisfação do cliente, mas também impulsionaram a fidelidade destes para com a marca.

GOOGLE E O *PROJETO LOON*

O Projeto Loon, lançado oficialmente pela Google em 2013, é uma iniciativa criada por essa empresa para fornecer acesso à internet em áreas remotas usando balões de alta altitude. Apesar desse projeto não estar ligado diretamente a seu modelo de negócios principal, ele demonstra um compromisso da Google com a ampliação de formas de conectividade global, superando as expectativas de seus usuários e, ainda mais, de comunidades em áreas carentes de acesso à internet.

TESLA E OS *VEÍCULOS AUTÔNOMOS*

A empresa Tesla surpreendeu o mundo ao liderar o desenvolvimento de veículos autônomos. Esse projeto, contudo, vai além de apenas produzir carros elétricos, pois tem o potencial de redefinir o futuro da mobilidade. Os clientes da Tesla agora têm a oportunidade de experimentar tecnologias inovadoras que transformam a maneira como viajamos.

PATAGONIA E O *COMPROMISSO COM O MEIO AMBIENTE*

A marca de roupas Patagonia superou as expectativas de seus clientes ao dedicar 1% de suas vendas para apoiar causas ambientais. Eles também incentivam os clientes a comprar menos e consertar suas roupas antigas em vez de comprar novas. Essas ações demonstram um compromisso profundo com valores ambientais, conquistando a lealdade de clientes que compartilham esses valores.

MICROSOFT E O *ACESSO À TECNOLOGIA*

A Microsoft lançou o programa TechSpark que se concentra em expandir o acesso de comunidades rurais à tecnologia e a habilidades digitais. Isso vai além de seus produtos e serviços principais, demonstrando um compromisso com o desenvolvimento de comunidades. Essa iniciativa supera as expectativas dos *stakeholders* da empresa, incluindo clientes e comunidades locais.

Esses exemplos mostram como empresas podem superar as expectativas adotando ações ousadas, impactantes e inovadoras que extrapolam seus modelos de negócio tradicionais. Essas iniciativas não apenas atraem clientes leais, mas também fortalecem a reputação da empresa, bem como seu compromisso com valores e causas importantes.

ONDE ESTÁ O SEGREDO DO *MOONSHOT THINKING*?

O psicólogo organizacional Benjamin Hardy sugere que a abordagem de 10x seja, na verdade, mais fácil do que a abordagem de 10%. Ele argumenta que, com a primeira, somos obrigados a eliminar 80% das atividades que não levarão a um aumento de 10x, o que proporciona clareza na tomada de decisão. Em outras palavras, o *pensamento 10x* simplifica em vez de complicar. Com ele, reativamos nossa criatividade e somos capazes de imaginar cenários futuros que são inspiradores. Isso nos leva a sair de nossa mentalidade atual e parar de nos concentrar apenas em melhorar o que já existe.

No entanto, não é necessário abandonar completamente a inovação incremental em sua empresa. Albert Einstein costumava dizer que o crescimento composto era uma das maravilhas do mundo. Por exemplo, uma unidade de negócios crescendo 10% ao ano sobre uma base de cem, após dez anos terá multiplicado essa base por 2,6, enquanto que levaria 27 anos para a mesma empresa atingir um crescimento de 10x. No entanto, e se essa unidade de negócios pudesse girar a roda mais rapidamente?

IMPLANTANDO O *MOONSHOT* NA SUA ORGANIZAÇÃO: O PRIMEIRO DESAFIO É LUTAR CONTRA A FORÇA DO HÁBITO

Publicado em 2013 por Charles Duhigg, jornalista investigativo do *The New York Times*, *O poder do hábito* (Random House, 2012) descreve o "ciclo do hábito", um modelo que explica como esse comportamento se forma: ele envolve um gatilho que desencadeia um comportamento específico, seguido por uma recompensa que reforça o hábito. Para modificá-lo, é preciso identificar seus gatilhos e substituir os comportamentos antigos por novos.

O ciclo do hábito mostra que, para efetuar essa mudança, precisamos de mecanismos automáticos, como um interruptor mental. É exatamente isso que o conceito *10x* oferece, pois trata-se de uma heurística fácil de lembrar e que permite automaticamente modificar seu registro mental. Quando sentir a vontade de propor melhorias incrementais, o conceito *10x* o incentivará a questionar o que aconteceria se, em vez disso, você desse um salto de crescimento para a próxima ordem de magnitude.

O pensamento *Moonshot* é desafiador pois confronta nossa tendência natural de seguir rotinas e padrões estabelecidos. O ciclo do hábito nos ensina que identificar e modificar costumes requer mecanismos automáticos e atalhos mentais. Da mesma forma, o conceito *10x* age como um interruptor mental que nos permite automaticamente questionar nossas abordagens convencionais e explorar soluções mais ousadas e disruptivas. No entanto, essa mudança de mentalidade exige esforço consciente para superar os padrões habituais e se abrir a novas possibilidades. Ao adotar o *10x* e superar o ciclo do hábito, podemos desbloquear um potencial significativo para inovação e crescimento radical.

Por isso, **não deixe que o poder do hábito aja sobre você** quando o assunto é mudança.

A seguir, listarei os passos que formam um guia geral para a metodologia *Moonshot Thinking*, mas que podem variar de acordo com a aplicação e o contexto específico. O objetivo principal é estimular a busca por soluções verdadeiramente inovadoras e disruptivas, que possam transformar o *status quo* e gerar um impacto significativo em uma escala maior.

DESAFIO

Identifique um desafio ou problema complexo que exija uma solução inovadora e transformadora. É importante que ele seja significativo, inspirador e tenha potencial de impacto positivo em grande escala.

MENTALIDADE *ZERO TO ONE*

Ao abordar um desafio, adote a mentalidade *zero to one* – ou seja, procure criar algo completamente novo, em vez de simplesmente melhorar ou aprimorar algo existente. Busque soluções radicalmente diferentes que possam levar a resultados transformadores.

PENSAMENTO EXPANSIVO

Abra sua mente para possibilidades ilimitadas. Não se restrinja a soluções convencionais ou limitações existentes. Explore ideias e conceitos inovadores, mesmo que pareçam ousados ou pouco prováveis. Encoraje a criatividade e o pensamento "fora da caixa".

EQUIPE MULTIDISCIPLINAR

Monte uma equipe diversificada, com diferentes experiências, habilidades e perspectivas. A diversidade de conhecimentos e pontos de vista pode enriquecer o processo de criação e aumentar as chances de se encontrar soluções verdadeiramente inovadoras.

DEFINIÇÃO DE OBJETIVOS AUDACIOSOS

Estabeleça objetivos ambiciosos e inspiradores que vão além das soluções convencionais. Esses objetivos devem ser ao mesmo tempo desafiadores e estimulantes no sentido de levar a equipe a buscar o *extraordinário*. Foque em metas que possam gerar um impacto significativo e positivo.

EXPERIMENTAÇÃO E ITERAÇÃO

Crie protótipos e testes rápidos para as soluções propostas. A metodologia *Moonshot Thinking* valoriza a aprendizagem por meio da experimentação e da iteração. É essencial aprender com os erros e adaptar as soluções ao longo do processo.

COLABORAÇÃO E COMPARTILHAMENTO DE CONHECIMENTO

Promova a colaboração e o compartilhamento de conhecimento entre os membros da equipe, bem como com outras partes interessadas. A troca de ideias e perspectivas pode gerar *insights* valiosos e enriquecer o processo de criação.

SUPORTE DA LIDERANÇA

Garanta o apoio e o engajamento da liderança da empresa. A metodologia *Moonshot Thinking* requer um ambiente de trabalho que encoraje a inovação, assuma riscos calculados e esteja aberto a ideias disruptivas. A liderança deve fornecer recursos, suporte e incentivo ao processo.

APRENDIZADO CONTÍNUO

Cultive uma mentalidade de aprendizado contínuo e de adaptabilidade constante. Esteja aberto a *feedbacks* e disposto a ajustar o curso conforme necessário, aprendendo com cada iteração e aproveitando cada experiência. Lembre que o processo de *Moonshot Thinking* é um ciclo de aprendizado constante.

CONCLUSÃO

A escrita deste livro – que em certos momentos foi um desafio monumental – me conduziu a uma revelação clara sobre o que deve ser o verdadeiro papel de um líder.

Com o objetivo de tornar o mais simples possível a exposição da metodologia apresentada, seu conteúdo foi dividido em dois grandes blocos. No primeiro, exploramos o fascinante mundo da mente e das emoções humanas e seus impactos nos negócios. No primeiro capítulo, discutimos como líderes empresariais, gestores e até mesmo funcionários podem encontrar seu *fluxo* (um estado mental de profundo envolvimento e satisfação no trabalho, frequentemente associado tanto ao bem-estar quanto a desempenhos excepcionais). Ao revisitar o trabalho de Mihaly Csikszentmihalyi, percebi como podemos fazer melhor e mais pelos outros. Também considerei as contribuições dos líderes na criação de um ambiente que afeta significativamente nossos objetivos.

Nesse primeiro bloco ainda destaquei a relevância de dois temas importantes. O primeiro, apresentado por Eduardo Briceño em *The Performance Paradox*, que trata o conceito de mentalidade de crescimento e sua relevância tanto para nossa transformação pessoal quanto para a das organizações. O segundo, trazido por Daniel H. Pink em seu livro *Motivação 3.0 – Drive*, sobre a importância de explorarmos quais são os verdadeiros impulsionadores da motivação humana.

No segundo bloco, concentrei-me em processos e gestão exponencial. Abordando o sucesso alcançado por empresas que adotaram o Net Promoter Score (NPS) como métrica de avaliação da satisfação do cliente. Além disso, foram examinados conceitos como *lucratividade, senso de dono* e *Moonshot Thinking*, explorando o potencial do *mindset de crescimento* e a criação de um propósito massivamente transformador.

No entanto, a conclusão é clara: as pessoas estão no centro de tudo. Empresas, lucros e resultados não podem ser alcançados sem que haja, pelo menos, uma pessoa no centro dessa equação. Portanto, se você deseja uma empresa melhor, uma vida melhor e mais felicidade pessoal, torne-se um líder melhor e, acima de tudo, uma pessoa melhor. Estou certo de que, fazendo assim, você será muito mais feliz.

BOA JORNADA!